MON P'TIT CAHIER

LA 1RE ANNÉE DE MON BÉBÉ

DE 0 À 1 AN

VÉRONIQUE DEILLER
MYLÈNE WASCOWISKI

ILLUSTRATIONS
DJOÏNA AMRANI (INTÉRIEUR)
ISABELLE MAROGER (COUVERTURE)

SOLAR EDITIONS

SOMMAIRE

Introduction

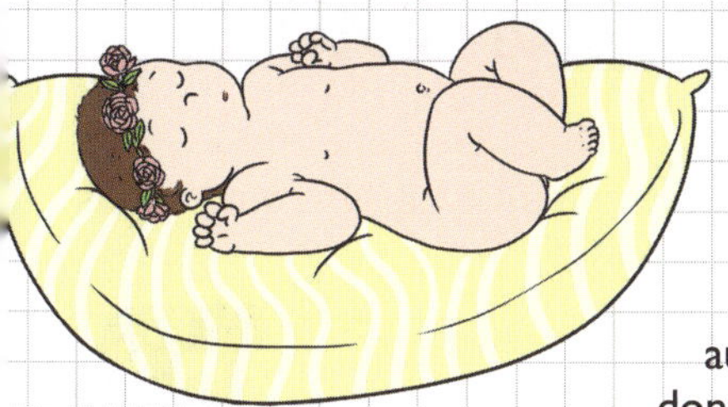

C'était hier (ou presque), la sage-femme posait votre bébé dans vos bras et vous pensiez : « Oh ! là, là, là ! » C'était là un soupir d'admiration : qui aurait pu croire qu'en 9 mois seulement vous parviendriez à donner naissance à l'incarnation de la perfection (sans exagération !) ? Mais c'était aussi une bonne petite intuition : quelle révolution vous alliez devoir mener ! Quelles responsabilités énormes vous étiez sur le point d'endosser ! Comme toutes les mamans (et tous les papas) avant vous, vos premiers pas dans la parentalité se sont ainsi faits dans la joie, le doute, et parfois même l'angoisse !

Et c'est une bonne chose (si, si) ! D'abord, parce qu'il n'est jamais trop tôt pour s'habituer à cette sensation de tâtonnement, d'hésitation, de circonspection qui va vous guider dans les semaines, voire les mois, à venir ! Après tout, si vous n'avez pas encore connu la félicité (ou presque) de la parentalité, les découvertes de votre enfant seront aussi les vôtres ! Premiers cacas, premières nuits (plus ou moins complètes), premiers miasmes, premières séparations : vous allez gagner vos galons de parents sur le terrain, au fil d'expériences plus ou moins réussies (car oui, il y a des ratés, et non, ce n'est pas grave).

Mais le doute est aussi profitable, car c'est lui qui va vous encourager à vous fier à votre intuition ou à chercher les bonnes solutions pour apaiser votre bébé et lui apporter ce dont il a besoin pour être fort comme un champion ! Comment le soigner, le réconforter, lui donner à manger ? Comment lui offrir protection, stimulation et affection ? Au cours de sa première année, vous vous poserez forcément ces quelques questions, et vous trouverez en vous, grâce à vos proches ou même à ces quelques pages, les réponses qu'il vous faudra pour vivre heureux à trois (ou plus) ! Et là, vous pourrez à nouveau soupirer un « oh ! là, là, là ! », qui rimera cette fois avec « que la vie est belle » !

Test : quelle jeune maman êtes-vous ?

Vos selfies, vos hashtags, vos émojis et toute votre vie 2.0 en disent long sur vous… mais aussi sur votre manière d'être maman ! Et si vous faisiez le test ?

La période de conception a été plutôt :

- 🍃 (olé-olé !)
- ✩ (décontractée)
- ☼ (stressante)

Pendant la grossesse, vous étiez…

- 🍃 (zen)
- ✩ (bien entourée)
- ☼ (le nez dans vos bouquins de future maman)

S'il n'y en avait qu'un, quel acronyme auriez-vous utilisé au moment de partir à la maternité :

- 🍃 YOLO (*you only live once*) ou plutôt yallah, advienne que pourra !
- ✩ AFK (*away from keyboard*) ou je me déconnecte !
- ☼ DIY (*do it yourself*) ou allez, je me lance !

La première fois que vous avez tenu votre bébé dans vos bras, vous avez ressenti…

- 🍃 (un tsunami d'amour)
- ✩ (de la fierté)
- ☼ (du soulagement)

Le meilleur hashtag pour votre petit trio :

- 🍃 #cute
- ✩ #family
- ☼ #love

Depuis que votre bébé est né, vous ne comptez plus…

- 🍃 les selfies postés
- ✩ les questions posées à vos copines et à votre maman sur WhatsApp.
- ☼ les applis « spécial bébé » téléchargées.

En tant que papa, il est…

- 🍃 mignon, mais en cours de formation ! #dadfails
- ✩ rarement tout seul, et c'est tant mieux ! #papa #squad
- ☼ super investi ! #papa #PrixNobel

Votre #goal de jeunes parents :

- 🍃 vous épanouir en famille !
- ✩ partager tout ce que vous pouvez !
- ☼ que votre bébé grandisse heureux et en bonne santé !

Faites les comptes !

🍃	✩	☼

Le plus de 🍃 : *vous êtes une maman impro !*

Avant la naissance de votre bébé, vous preniez déjà les belles choses de la vie comme elles venaient, aviez tendance à profiter tranquillement en mode #nofilter ou #chill. Maintenant que vous êtes maman, vous comptez bien continuer sur votre lancée ! Votre credo : bichonner votre marmot en savourant chaque petit moment, le tout sans prise de tête, évidemment !

Être des parents carpe diem, excellente idée… à condition que votre vie de famille soit, a minima, organisée. Eh oui, pour grandir sereinement et en bonne santé, votre bébé a non seulement besoin d'un cadre de vie sain et sécurisé, mais aussi d'un papa et d'une maman sensibilisés à ses besoins et au taquet ! Votre objectif au cours des prochaines semaines est donc (presque) simple : apprendre à gérer ses nuits, ses repas et ses petits maux, découvrir comment préserver sa santé et l'accompagner dans ses progrès… Et savourer ainsi le bonheur très contagieux de votre tout-petit !

Le plus de ☆ : *vous êtes une maman de réseaux !*

Quand on pense à vous, on pense tout de suite bande de potes, bons gueuletons, vacances entre amis et #family à gogo ! Eh oui, avant la naissance de votre bébé, vous étiez déjà bien entourée, et maintenant que votre petit chéri s'est invité dans votre vie, vous n'avez qu'une hâte : le voir devenir un membre à part entière de votre tribu élargie ! Être des parents qui aiment et partagent à volonté, très bonne idée ! D'autant que, dans les mois à venir, vous aurez des choses palpitantes à découvrir ! Ses repas de roi, ses jolis charabias et même peut-être ses premiers pas seront autant d'occasions de l'accompagner et de pavoiser ! Mais n'oubliez pas : pour bien grandir pendant cette première année, votre mini-compère a besoin d'un environnement calme et de repères. Rien ne vaut parfois de doux moments à trois.

Le plus de ☼ : *vous êtes une maman pro !*

Ultra-connectée, ultra-informée… Avant même d'être maman, vous étiez toujours au fait de l'actualité, des tendances et des dernières nouveautés. Et maintenant que votre bébé est parmi vous, il y a fort à parier que vous lui proposerez un accompagnement éclairé !

Être des Wiki-parents, excellent plan ! En effet, au cours de sa première année de vie, votre bébé aura besoin d'une attention de chaque instant et de soins sur mesure… dont vous ignoriez peut-être jusqu'ici l'existence ! Comment décrypter ses pleurs ou l'initier à l'alimentation solide ? Comment préparer un environnement adapté à sa sécurité, à sa santé et à ses futurs progrès ? Toutes ces questions vont très rapidement se poser… Comme à votre accoutumée, vous allez donc potasser (ou poser la question à Google ou à Siri) et, en jeune maman super-calée, vous saurez naturellement quelles réponses lui apporter !

Chapitre 1

Je fais connaissance avec mon bébé !

Il était beau, il était (presque) fort… Quand il est né, votre bébé vous a émerveillée ! Et vous n'êtes pas au bout de vos (très belles) surprises, comme en attestent les grands changements qu'il va connaître dans les mois à venir. Découvrez-le vite !

Qui es-tu, que vois-tu, m'entends-tu ?

Depuis qu'il est né, vous n'avez pas chômé ! Vous lui souriez, lui parlez, le câlinez, le couvrez de baisers à la longueur de journée… Et pourtant, difficile de savoir ce qu'il perçoit vraiment. Un tour d'horizon sensoriel s'impose.

Un oeil de lynx en devenir

Certes, votre bébé a ouvert les yeux au cours du 7e mois de grossesse, mais il n'a pas vraiment eu l'occasion d'entraîner sa vue dans sa petite tanière utérine. À la naissance, il peut donc voir le monde qui l'entoure… de manière assez diffuse ! En effet, son œil, son cortex visuel et tout son réseau de neurones restent immatures. Résultat : son acuité visuelle est soixante fois plus faible que la vôtre ! Jusqu'à 3 semaines, il ne voit que très, très flou, ne perçoit pas encore les couleurs et son champ de vision est restreint à un angle de 90°. Heureusement, la situation va s'améliorer au fil des mois, voire des années ! Ce n'est en effet que vers 5 ans que votre enfant verra vraiment comme un grand !

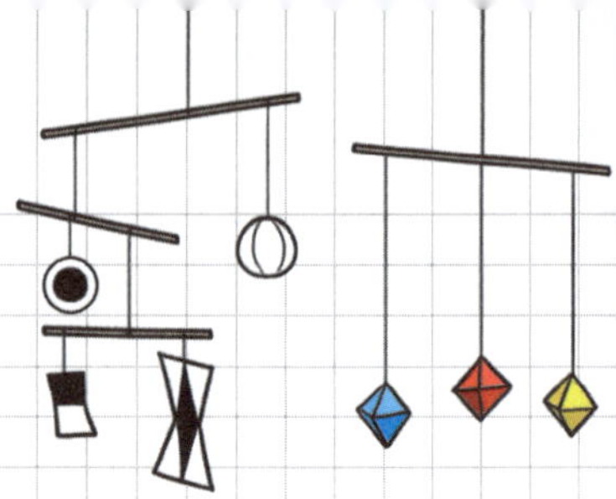

Quelques repères...

- **À la naissance,** il « accommode » (focalise une image sur sa rétine) dans une zone de 20 à 75 cm, pas plus !
- **Entre 1 et 3 mois,** la coordination tête-œil se met en place. Il peut suivre un objet du regard.
- **À 2 mois,** il commence à percevoir une couleur (le rouge). Il fait aussi ses premiers « sourires sociaux » : il vous a vue et cherche à interagir avec vous.
- **À 3 mois,** il voit également le vert, puis le bleu et le jaune vers 4 mois.
- **À 6 mois,** il commence à identifier les reliefs, un travail de longue haleine qui finira vers ses 10 ans.
- **Vers 1 an,** son acuité visuelle est de 4/10 seulement !

Le petit conseil en plus : votre bébé ne voit pas plus loin que le bout de son nez ! N'hésitez pas à vous placer juste en face de lui pour lui parler !

Une ouïe de champion !

Le saviez-vous ?
Plusieurs études l'ont démontré : le bébé se souvient des sons qu'il a entendus dans votre ventre !

Ce n'est pas parce qu'il ne parle pas encore que votre petit n'entend rien ! Au contraire, son ouïe fonctionne parfaitement bien à la naissance, et même depuis votre 28e semaine de grossesse !

Le petit conseil en plus : rien de tel pour le rassurer que de poursuivre vos petites routines auditives de future maman ! Continuez à chanter les mélodies que vous lui susurriez et n'hésitez pas à essayer de mimer tous les bruits « physiologiques » auxquels il a été exposé (voir p. 42) !

Il fait des gestes bizarres. C'est normal ?
Pendant la grossesse, votre bébé a développé une série de mouvements automatiques involontaires destinés à lui permettre de s'adapter à son environnement. Ce sont les réflexes archaïques. Parmi ces compétences innées, on retrouve notamment...

- Le réflexe de Moro : lors d'une stimulation inattendue ou douloureuse, votre bébé écarte ses bras en croix, ouvre ses mains comme s'il voulait attraper quelque chose, puis rassemble ses bras sur sa poitrine avant de pleurer. Ce réflexe serait un mécanisme de défense.
- Le grasping est une tendance naturelle à fermer ses poings et à fléchir ses pieds quand on stimule ses paumes et la plante de ses pieds.
- Le réflexe de succion et de déglutition lui permet de se nourrir dès la naissance.
- La marche automatique permet à votre bébé de piétiner tout seul quand il est soutenu sous les aisselles et mis en appui sur ses jambes.
- Parfois impressionnants, ces réflexes passent généralement dans les quelques mois qui suivent la naissance.

Dis-moi ce que tu manges, je te dirai qui tu es !

Dès sa naissance (ou presque), votre nourrisson sait différencier les saveurs sucrées (qu'il préfère) des goûts salés ou amers, qu'il a découverts via votre alimentation quand il était dans votre ventre.

Le petit conseil en plus : pendant ses premiers mois, votre bébé est au régime strict. Du lait, du lait et encore du lait ! Toutefois, si vous lui donnez le sein, il peut continuer à former son petit palais de futur critique gastronomique. En effet, le lait maternel transporte le goût : c'est le moment de lui faire déguster un peu de tout (voir p. 29) !

Le saviez-vous ?
Lorsqu'il naît, le nourrisson possède davantage de papilles gustatives qu'un adulte, ce qui lui permet de percevoir les saveurs de façon plus intense.

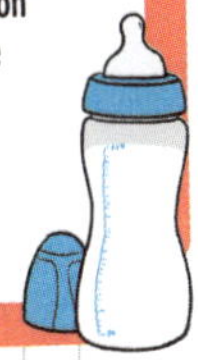

Un nez bien senti

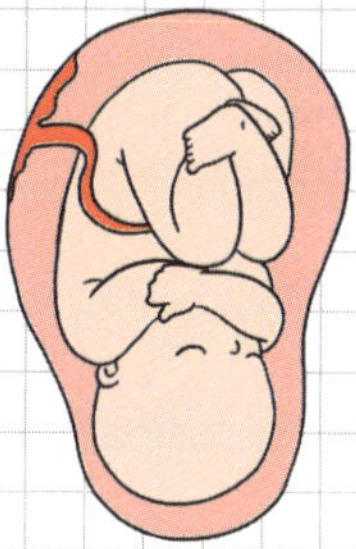

L'odorat se développe très tôt chez le fœtus. À 7 mois de grossesse, votre bébé est déjà capable de percevoir les odeurs transportées par le liquide amniotique. De les sentir, mais aussi de les mémoriser ! Ainsi, d'après certains travaux de recherche, votre bébé se souvient des odeurs qui ont traversé le placenta, de la même façon qu'il garde en mémoire les sons perçus in utero. Résultat : à sa naissance, votre odeur lui est familière et le rassure.

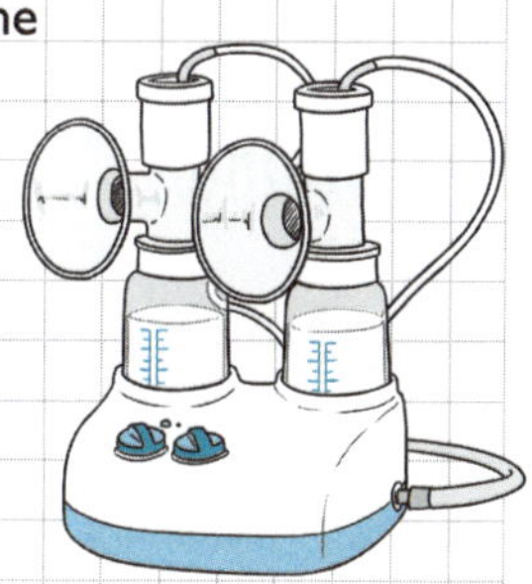

Le petit conseil en plus : le lait maternel peut, comme le liquide amniotique, transporter les odeurs. Si la tartiflette était votre péché (pas vraiment) mignon pendant la grossesse et si vous continuez d'en manger alors que vous allaitez, cela rappellera de bons souvenirs à votre petit gourmand.

Un bébé qui vous a dans la peau

Dès la 8e semaine de grossesse, les récepteurs sensoriels du futur bébé se développent… à commencer par ceux du toucher. Grâce à eux, votre bébé peut différencier dès la naissance le chaud et le froid, le lisse et le relief. Il perçoit également la pression, la douleur, et peut apprécier le poids, la forme et les dimensions des objets qu'il prendra plus tard dans les mains.

Le saviez-vous ?
Avec ses récepteurs sensoriels ultra-développés, votre bébé adore les massages. Et ce n'est pas pour rien ! Ce toucher « magique » favorise la libération d'endorphines, de mélatonine, de sérotonine et de dopamine (les hormones antistress, du sommeil et antidouleur). Un véritable petit shoot de bien-être ! Encore mieux : la pratique du massage booste, chez vous comme chez lui, la sécrétion d'ocytocine, l'hormone du plaisir et de l'attachement. Plus vous le massez, plus vous vous attachez !

Le petit conseil en plus : abusez du peau-à-peau ! Non seulement cette pratique permet d'apaiser ses angoisses, mais elle participe à la stabilisation de la température de son corps et de son rythme cardiaque, et facilite l'allaitement. Par ailleurs, ces bienfaits se prolongent à l'âge adulte : l'ocytocine (encore elle) sécrétée lors du peau-à-peau l'aiderait à être plus à l'aise dans ses relations sociales à l'âge adulte !

LA MAISON des MATERNELLES

Comment faire du peau-à-peau ?
Les conseils d'Anna Roy, sage-femme à la Maison des Maternelles

Installez-vous dans un endroit calme, où vous ne serez pas dérangés et où les lumières sont tamisées. Allongez-vous de manière à avoir le haut du corps surélevé et ouvrez votre chemise. Placez votre bébé contre vous, couvrez-le d'une petite couverture et d'un bonnet… et n'oubliez pas les 2 règles primordiales de sécurité :

1. Veillez à toujours placer la tête de votre bébé sur le côté, et non contre vous.
2. Ne vous endormez pas !

Attention : chef-d'oeuvre en cours de constitution !

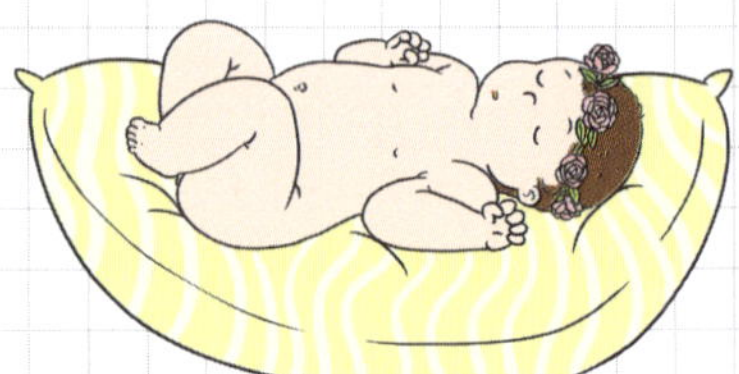

Votre bébé est un peu comme Monsieur Patate : chaque jour, il est différent de la veille. Eh oui, pendant sa première année, il va énormément évoluer… La preuve en quelques développements-clés !

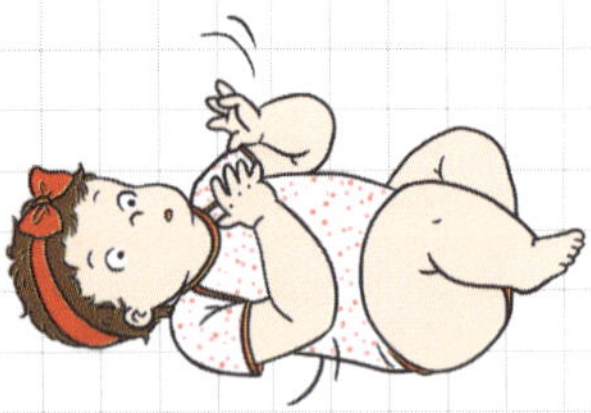

Regard de braise en devenir

Si votre bébé est d'origine caucasienne, il y a de fortes chances qu'il naisse avec des yeux bleu-gris. Vous êtes fan de ses mirettes célestes ? Ne vous y attachez pas trop (si possible), car leur couleur peut encore évoluer ! En effet, à la naissance, les iris des bébés sont dépourvus de mélanine, le pigment responsable de leur teinte. Au fil des semaines, les gènes responsables de sa production s'activent, donnant à son regard sa couleur définitive. Rendez-vous à ses 8 mois pour faire le point !

Pas un poil sur le caillou

Votre bébé n'a pas de cheveux? Pas de panique! Il n'est pas rare que les petits blonds ou roux n'aient que peu, voire pas du tout, de cheveux jusqu'à leurs 9 mois. Cela ne les empêchera pas d'avoir, en grandissant, une chevelure à faire pâlir Raiponce de jalousie. Par ailleurs, la couleur des cheveux évolue elle aussi, en devenant plus foncée avec le temps. Pour avoir une petite idée de la teinte définitive de ses cheveux, un réflexe : observez ses sourcils!

Un bébé champignon

Au cours de sa 1re année, votre bébé devrait doubler son poids de naissance (voire plus) et pousser comme un champignon. Ses futures mensurations?

- À 6 mois, il devrait peser entre 7,5 et 9 kg, et mesurer entre 63 et 72 cm.
- Vers 1 an, son poids devrait varier entre 8,8 et 10,6 kg, et sa taille, entre 71 et 80 cm.

Votre bébé n'est pas dans les clous? Pas de panique : il ne s'agit que de moyennes!

Pourquoi mesure-t-on son périmètre crânien?
La mesure du périmètre crânien permet de confirmer le bon développement du cerveau de votre bébé et de déceler d'éventuelles anomalies de son système nerveux. Sa taille va évoluer, en moyenne, d'environ 35 cm à la naissance, à 47 cm à 12 mois et à 50 cm à 2 ans.

Mon petit animal est-il bien normal?

Il a des boutons, des (gros) seins, la tête plate? Pas de panique! Ces petits défauts sont complètement physiologiques, et votre petit ange n'en est pas moins le plus beau bébé du monde (en toute objectivité)! Reliez ces quelques termes un peu barbares à leur définition pour dédramatiser ses petits travers… qui n'en sont pas réellement!

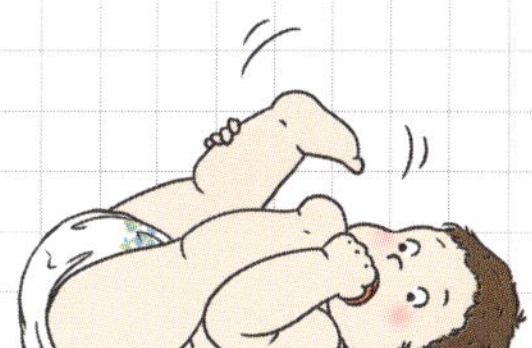

a. Acné néonatale
b. Dermite séborrhéique infantile (DSI)
c. Lanugo
d. Fontanelle
e. Mammite
f. Plagiocéphalie positionnelle
g. Ictère néonatal

1. Petites croûtes jaunâtres qui apparaissent sur le cuir chevelu ou les sourcils de votre bébé. Souvent appelées croûtes de lait, elles sont dues à un excès de sébum et à une levure présente naturellement sur la peau.

Que faire? Si les croûtes de lait ne gênent pas votre bébé, laissez-les! Elles tomberont d'elles-mêmes. Sinon, lavez-lui régulièrement les cheveux (sans trop frotter) avec un shampooing adapté aux tout-petits. Vous pouvez également appliquer régulièrement une huile végétale (noyau d'abricot, olive), une préparation à base de vaseline ou une crème spéciale «croûtes de lait».

À éviter : ne lui enlevez pas les croûtes à la main, au risque de surinfecter la zone, et évitez l'huile d'amande douce, qu'on soupçonne de favoriser certaines allergies.

2 Provoqué par les hormones de grossesse, ce phénomène complètement physiologique fait pousser les seins de votre nouveau-né! Résultat : sa petite poitrine paraît enflée ; parfois même, elle est dure au niveau des mamelons.

Que faire? Rien! Le phénomène va se résorber rapidement tout seul.

3 Duvet parfois présent sur les épaules, le dos, les cuisses, voire le visage, des nouveau-nés, surtout des prématurés! Il se développe dès le 3ᵉ mois in utero, sert d'isolant thermique au fœtus et tombe généralement au terme de la grossesse… Mais pas systématiquement!

Que faire? Rien du tout! Le duvet disparaîtra, lui aussi naturellement, au bout de quelques semaines.

4 Éruption de petits boutons rouges ou blancs qui se concentrent généralement sur les joues, le front et le menton du tout-petit. Elle survient en général entre le 1er et le 4e mois.

Que faire? Nettoyez sa petite bouille à l'eau chaque jour et séchez-la bien après chaque nettoyage (ou régurgitation) pour éviter l'humidité! De la douceur et de la patience, en somme!

À éviter : les crèmes et les soins du visage au liniment oléocalcaire, ainsi que tout ce qui peut favoriser l'excès de sébum.

5 Phénomène dû à un excès de bilirubine dans le sang, un pigment qui donne un aspect jaunâtre à la peau du bébé. Aussi connu sous le nom de «jaunisse du nourrisson», il est assez fréquent, et est généralement bénin!

Que faire? Rien! En cas de taux élevé de bilirubine, votre tout-petit sera traité par photothérapie (placé sous une lampe à lumière bleue). Rassurez-vous : on s'occupe de lui comme d'un prince! Si vous êtes déjà rentrés à la maison et qu'il garde sa couleur poussin, consultez votre médecin.

6 Phénomène courant chez le nourrisson qui donne à son crâne, du fait de la malléabilité de ce dernier, un aspect aplati. Il peut apparaître dès l'accouchement et être dû (entre autres) au positionnement du bébé in utero, ou plusieurs semaines après la naissance, à cause de sa position de couchage.

Que faire ?

- Couchez votre tout-petit sur le dos en veillant à ce que ça ne soit pas toujours la même partie du crâne qui appuie sur le matelas : placez sa tête un coup à droite, un coup à gauche (voir p. 40).
- Changez la position du lit dans sa chambre régulièrement pour qu'il oriente sa tête différemment.
- Stimulez-le : placez-le sur le ventre, sur un tapis d'éveil, portez-le en écharpe pour faire travailler les muscles de son petit cou.
- Allaitez-le dans des positions variées (voir p. 31).

À éviter : le transat pendant des heures !

7 Zones membraneuses du crâne du bébé visant à permettre à la boîte crânienne de s'ajuster à la croissance du cerveau. Situées à l'arrière et sur le haut de sa tête (un losange de quelques centimètres), elles sont souples au toucher !

Que faire ? Rien sinon manier la tête de votre petit avec précaution. Les fontanelles se fermeront d'elles-mêmes vers 2 mois (pour la postérieure) et 2 ans (pour la grande).

a	b	c	d	e	f	g

Solutions : a4, b1, c3, d7, e2, f6, g5.

Chapitre 2

Je veille sur mon petit chou

Non, apprendre à être parents n'est pas un jeu d'enfant, surtout quand on est confrontés à un bébé auquel on ne comprend rien (ou presque). Restez zen ! Commencez par l'apprivoiser avec les gestes du quotidien, tentez de décrypter ses pleurs et ses besoins, et surtout créez du lien ! Vous verrez, vous réussirez à dompter votre lionceau rapido !

Mes tutos pour gérer ses soins en un tour de main

Changer sa couche, prendre soin du cordon, donner le bain… Voilà des années que vous n'aviez pas eu à potasser autant ! Heureusement, Laurence Rameau, puéricultrice à la Maison des Maternelles, est là pour vous accompagner dans vos révisions et vous aider à décrocher votre diplôme de parents avec mention !

Je révise le changement de couche

- ✔ Avant de vous lancer, veillez à avoir tout ce dont vous avez besoin sous la main : couche, coton, eau (du robinet), liniment oléocalcaire ou lait de toilette.
- ✔ Tout est prêt ? Déshabillez votre petit en douceur, en lui laissant si possible son body pour qu'il n'ait pas froid.

Il a fait caca ? Je n'attends pas !
Les selles des nouveau-nés étant acides, mieux vaut changer votre bébé dans l'heure qui suit un caca afin d'éviter un érythème fessier (voir p. 48) !

- ✔ Décollez les languettes de la couche. Attrapez les pieds de votre bébé dans une main pour éviter qu'il ne gigote, essuyez ses fesses avec l'avant de la couche de l'autre main et repliez-la sous ses fesses.
- ✔ Nettoyez ensuite son siège avec un coton imbibé d'eau, en allant toujours du propre vers le sale, du pubis vers l'anus.

- ✔ Enlevez la couche quand ses fesses sont propres et recollez les languettes sur l'extérieur afin d'en faire un petit ballotin bien serré (qui empêchera les selles de se disperser dans la poubelle).
- ✔ Enfin, remettez une couche propre en la remontant le plus haut possible. Positionnez bien les élastiques internes et externes au niveau de ses cuissots, et remontez l'avant de la couche au niveau de son nombril.
- ✔ Serrez bien le tout, rhabillez-le en vitesse… et le tour est joué !

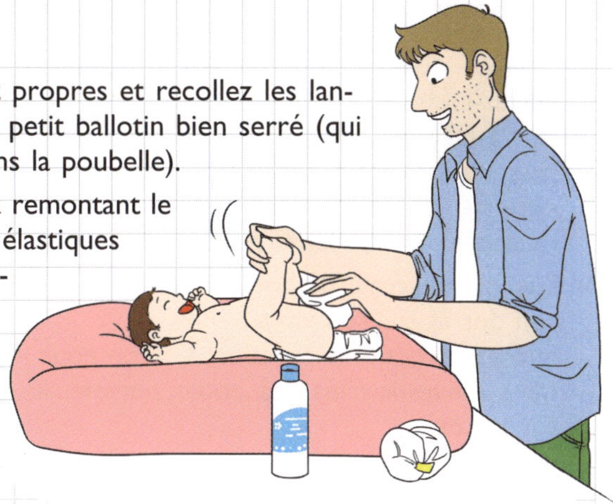

Je passe l'épreuve des soins du cordon

Vous frémissez rien qu'à l'idée d'approcher ce petit bout de votre bébé qui va bientôt le quitter ? Pas de panique !

- ✔ Commencez par vous laver les mains religieusement, soufflez un grand coup et…
- ✔ Imbibez une compresse stérile de désinfectant et nettoyez doucement la zone à chaque change tant que le cordon n'est pas tombé. À noter : au moment de lui remettre sa couche, repliez l'avant de celle-ci plusieurs fois sur elle-même afin qu'elle ne soit pas en contact avec l'ombilic.
- ✔ Une fois la cicatrisation bien avancée, continuez de nettoyer le nombril à l'aide d'un Coton-Tige et de désinfectant s'il y a encore des petites sécrétions.

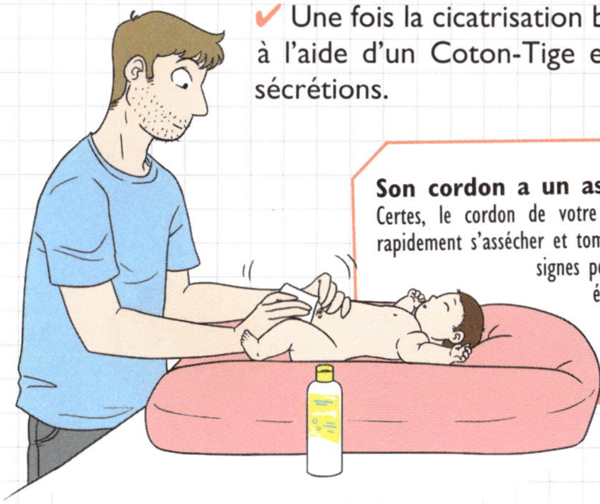

Son cordon a un aspect bizarre…
Certes, le cordon de votre bébé n'est pas ce qu'il a de plus mignon, mais il devrait rapidement s'assécher et tomber, environ 15 jours après la naissance. En revanche, quelques signes peu ragoûtants doivent être surveillés attentivement. Il a des petits écoulements au niveau de l'ombilic, des saignements ? La zone devient toute rouge ? Elle sent mauvais ? Consultez son pédiatre sans tarder pour vérifier que le cordon n'est pas infecté.

J'apprends à l'habiller sans le déranger

- ✔ Commencez par lui enfiler son body en passant par son visage (et pas par le front, comme on a tendance à le faire intuitivement). Pour y parvenir, retroussez le body jusqu'à l'encolure, écartez bien les mains pour l'étirer et positionnez le vêtement autour de son petit minois, puis glissez l'arrière du body derrière sa tête.

- Enfilez-lui les manches, en veillant à bien les retrousser et à passer votre main par le trou externe de la manche ainsi ramassée pour guider ses doigts.

Et si je le laissais en pyj ?
Traîner en pyjama toute la journée ? Mauvaise idée ! En effet, dès ses premières semaines, votre bébé apprend à différencier le jour et la nuit, et le passage du pyjama à la tenue de jour est un repère important dans cette transition ! Sans compter que le change crée une douce interaction avec vous !

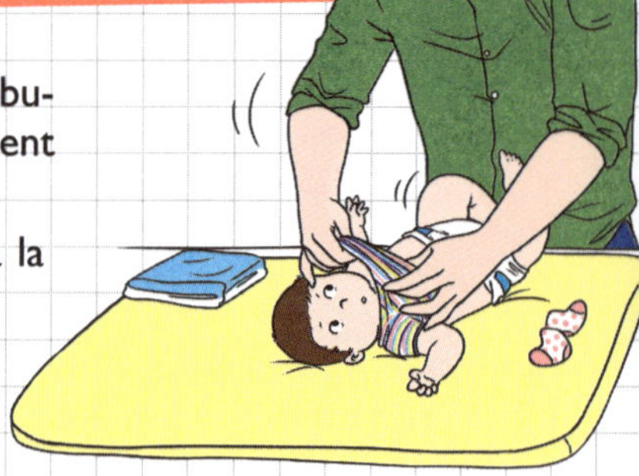

- Déployez le reste du body sous son dos et sur son ventre, puis fermez les boutons-pression. Option pour les parents débutants : investir dans des bodys portefeuille, qui se ferment sur le côté.
- Pour le reste de sa petite tenue, veillez à vous adapter à la température ambiante. Si vous devez lui enfiler un pull, privilégiez une pièce boutonnée au col pour favoriser le passage de sa tête, et n'oubliez pas de bien retenir les manches du body quand vous lui enfilez les manches du pull.
- Pour le bas, privilégiez la salopette plutôt que le jean ou le pantalon, qui tendent à le serrer au niveau du ventre.
- Finissez par les chaussettes, en veillant là aussi à bien les retrousser avant de les placer sur ses pieds, voire à les remonter sur le pantalon s'il fait froid !

Je bûche le bain

Avant de plonger dans le vif du sujet, n'oubliez pas de préparer tout ce dont vous avez besoin (savon, sortie de bain, change, couche…) et de remplir la baignoire avec une eau à 37 °C. Ensuite…

- Vérifiez la température de l'eau à l'aide d'un thermomètre de bain et y trempant votre coude.
- Déshabillez votre bébé, mais laissez-lui son body le plus longtemps possible, pour éviter un coup de froid.
- Passez une main derrière sa nuque jusque sous son bras et l'autre sous ses fesses, puis plongez-le dans l'eau en douceur.
- Mouillez-le doucement, en veillant à ce que sa tête reste bien surélevée. De votre main libre, savonnez-le des épaules aux pieds, et finissez par la tête si besoin est. À noter : si vous n'êtes pas (encore) à l'aise avec le bain, savonnez votre bébé avant de l'immerger !
- Une fois votre bébé rincé, posez-le sur sa serviette et enveloppez-le rapidement. Pour le sécher, tamponnez-le délicatement avec sa sortie de bain avant de le rhabiller illico !

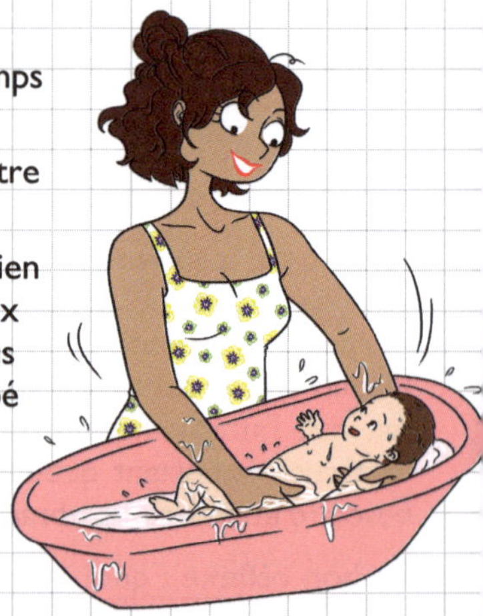

6 idées reçues pour décrypter ses pleurs… et vous rassurer !

La première fois que vous l'avez entendu pleurer, vous avez été soulagée : votre nouveau-né était au taquet ! Mais depuis que vous êtes rentrés à la maison, il vous semble crier plus que de raison. Et si vous pouviez mettre fin à la confusion des pleurs en quelques assertions ?

Il pleure 2 heures au quotidien, je ronge mon frein !

Oui !

Pour un nourrisson, pleurer 2 heures par jour n'a rien d'inhabituel… au contraire ! Dès les années 1960, le pédiatre américain Terry Brazelton mettait en évidence un schéma de pleurs chez les tout-petits en bonne santé. Ainsi, selon ses observations, ils criaient environ 1 h 40 par jour 2 semaines après la naissance, et jusqu'à 2 h 45 par jour en moyenne à 6 semaines…

Le bon réflexe : n'oubliez pas de vous reposer ! Les pleurs de votre petit cœur peuvent être une source de fatigue non négligeable. Il s'est enfin endormi ? Filez au lit !

Il pleure de plus en plus ? Là, je panique !

Non, mais attention !

Chez les nourrissons, le rythme des pleurs va crescendo de la naissance à 6 semaines (avec en moyenne 3 heures de pleurs par jour), puis diminue pour se stabiliser vers 3 mois à « seulement » 1 heure par jour et continuer à décroître jusqu'à 4-5 mois. Pas de panique, donc, vous devriez bientôt retrouver une paix auditive bien méritée.

Le bon réflexe : si ses pleurs continuent de s'intensifier au-delà de cet âge et qu'ils s'accompagnent d'autres symptômes (troubles alimentaires, sommeil perturbé…), consultez sans tarder !

S'il pleure, c'est forcément qu'il a faim ou que ça ne va pas bien !

Non… pas seulement !

Les pleurs sont pour votre enfant le seul moyen d'attirer votre attention et de vous communiquer ses besoins, qu'ils soient physiologiques (faim, gêne, douleur) ou psychoaffectifs. Depuis que le psychiatre John Bowlby s'est penché sur la question dans les années 1960, on sait que l'attachement, la relation affective entre les parents et l'enfant, est un besoin inné tout aussi important que la tétée (voir p. 89). Il pleure ? Votre bébé a peut-être simplement besoin d'être dans vos bras !

Le bon réflexe : quoi qu'on en dise, un bébé ne reçoit jamais assez d'attentions. S'il pleure, inondez-le d'amour !

Il ne pleure que le soir, je nage en plein désespoir !

Non… car vous avez (finalement) de la chance !
Il commence à pleurer vers 18 heures et continue parfois jusqu'à minuit malgré le sein, le biberon, la tétine, la couche propre et le câlin ? Même s'ils brisent votre petit cœur, les pleurs du soir font partie du développement normal du nourrisson. Ils refléteraient un schéma d'activité semblable à celui qu'il avait avant la naissance et seraient dus à une difficulté d'adaptation au rythme jour-nuit ou à un besoin d'évacuer le stress de la journée.

Le bon réflexe : veillez toujours à vérifier qu'il n'éprouve pas une gêne (il n'a pas fait son rot, a trop froid ou trop chaud…).

Il est hystérique, il a forcément des coliques !

Non, pas forcément !
Certes, si votre bébé de 6 semaines est inconsolable, pousse des cris aigus, grimace, serre ses petits poings et devient tout rouge, il est fort possible qu'il souffre de coliques (voir p. 53). Néanmoins, ces pleurs peuvent tout à fait être normaux chez votre gros pleureur.

Le bon réflexe : si ses pleurs, jusque-là réguliers, même en intensité, ne suivent plus le même schéma (il pleure beaucoup plus, de jour comme de nuit, ses pleurs se concentrent plutôt au moment des repas), faites un tour chez le médecin, qui pourra éliminer toute cause pathologique à son changement de comportement.

Le laisser pleurer, mais oui, c'est OK !

Non, non, non et NON !
Certes, vous n'êtes pas à 30 secondes près, mais laisser régulièrement votre bébé pleurer peut avoir des conséquences sur sa santé. En effet, sans réponse de la part de ses parents, le nourrisson se retrouve en situation de stress sévère. L'amygdale, une petite glande à la base du cerveau, produit alors du cortisol (l'hormone du stress). Or, quand elle est sécrétée à haute dose, cette hormone peut avoir un impact sur le développement neuronal (entre autres). À long terme, le petit peut alors souffrir de troubles de l'apprentissage, de la mémorisation ou du comportement.

Le bon réflexe : s'il pleure, inutile d'attendre 5, 10 ou 15 minutes. Filez le réconforter ! Et si vous êtes au bout du rouleau, déléguez !

Je décode les pleurs de mon bébé

Il existerait une sorte de langage universel permettant aux nourrissons d'exprimer leurs besoins physiologiques, un langage qui (miracle!) peut être traduit! C'est en tout cas ce que dit l'ancienne cantatrice australienne Priscilla Dunstan dans son livre *Il pleure, que dit-il?* (Jean-Claude Lattès). Quelques exemples?

- S'il crie en «na», il a sûrement faim.
- S'il pleure en «aoh» (en ouvrant grand la bouche en ballon de rugby), il y a de fortes chances qu'il soit fatigué.
- S'il se manifeste en «hé, hé, hé» (ou «hein, hein, hein») répétitifs, il a peut-être un rot qui est resté coincé.

Tendez l'oreille!

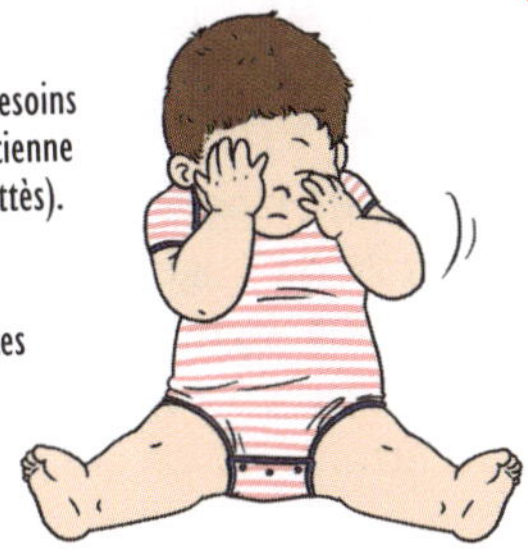

Mon pas-à-pas pour tenter le langage des signes avec mon bébé

Parfois, vous vous prenez à rêver qu'il sait déjà parler, question d'exprimer enfin clairement ce besoin qu'il ressent… Et si vous n'aviez pas à attendre qu'il prononce son premier mot pour comprendre ce qui lui trotte dans la tête?

Le langage des signes pour bébés, quèsaco?

Le langage des signes pour bébés, ou communication gestuelle, est né aux États-Unis. C'est d'abord Joseph Garcia, spécialiste de la langue des signes américaine (ASL), qui a constaté que les enfants en bas âge élevés dans des familles de malentendants qui signaient tendaient à communiquer plus tôt que les bébés du même âge nés dans des familles «entendantes». Linda Acredolo, professeure de psychologie à l'université de Californie, est quant à elle partie de l'observation de sa fille de 12 mois et de son langage non verbal pour décliner une version simplifiée de l'ASL. Le programme Baby Signs, qu'elle a mis au point avec sa collègue Sarah Goodwin, est né dans les années 1990. Importée en France, la communication gestuelle emprunte son vocabulaire à la langue des signes française (LSF) pour permettre aux tout-petits d'exprimer leurs besoins. En pratique, l'adulte associe de manière systématique une action ou un objet (manger, biberon, caca, dodo) à un signe quand il s'adresse au bébé, afin d'inciter ce dernier à l'employer avant même de savoir parler!

Avant de me lancer, 4 règles d'or à adopter !

1. J'observe attentivement

Vous ne vous lanceriez pas dans une diatribe sur les cropped top si votre homme était en plein match de rugby, n'est-ce pas ? Pour votre tout-petit, c'est pareil ! En effet, avant de commencer à signer, il est essentiel de vous adapter à lui, à ses besoins et à ses centres d'intérêt. Votre mission : vous poser et vous familiariser avec ses mouvements, ce à quoi il porte attention, ce qui lui plaît ou non, afin de communiquer dans de bonnes conditions !

2. Je choisis le bon moment

Commencez à signer lors de moments privilégiés, où vous êtes face à face avec votre bébé, qu'il peut bien vous voir, que vous avez les deux mains libres et (évidemment) que vous vous sentez bien. L'idéal : la toilette ou le change dans un premier temps, puis le repas, par exemple.

3. Je m'investis à 100 %

Avant que votre bébé ne se lance, il va falloir tenir la distance ! En effet, votre enfant ne pourra s'approprier les signes que si vous les répétez très régulièrement, en ralentissant votre débit de parole et dans des contextes différents. Et si vous joignez l'émotion au geste (signer « je t'aime » en souriant, par exemple), c'est encore mieux ! Plus vous serez expressif, plus il sera attentif !

4. Je signe… en parlant !

Signer, c'est bien. Parler en signant, c'est essentiel ! En effet, la langue maternelle de votre bébé est avant tout parlée. Pas question de la négliger !

Les bons signes pour commencer !

Maman : touchez votre nez avec votre index 2 fois.

Papa : l'index et le pouce se rejoignent 2 fois au-dessus de la lèvre supérieure, comme si vous lissiez une moustache.

Bébé : les doigts de la main rassemblés « en bec » vers le haut, tournez le poignet à 2 reprises.

Manger : les doigts « en bec », réalisez de petits mouvements d'avant en arrière vers la bouche.

Biberon : le pouce levé, mimez l'action de boire le biberon.

Gâteau : la main resserrée en poing, tapotez 2 fois sur la joue.

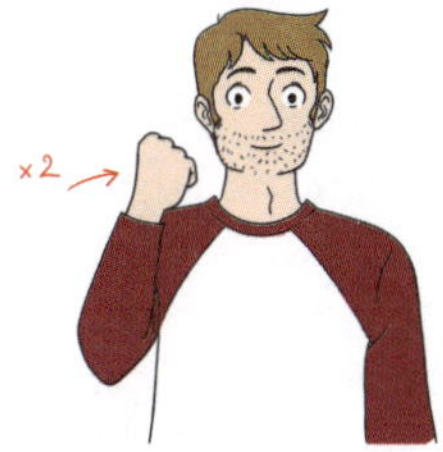

Dodo : rapprochez votre main à plat près de votre oreille, tête légèrement penchée (comme si vous veniez vous poser sur un oreiller), et fermez les yeux.

Encore : pointez les doigts d'une main 2 fois sur la paume de la seconde.

Merci : placez les doigts sur le menton avant d'abaisser la main vers l'avant.

Pipi : tapotez le pouce sur le bas du ventre 2 fois.

Caca : avec le bout de l'index, touchez 2 fois votre cou.

Changer la couche : fermez les poings avant de les placer joints, l'un face à l'autre, puis pivotez d'avant en arrière 2 fois.

J'ai mal : descendez le pouce de la bouche vers le menton 2 fois.

Je suis triste : avec vos deux index, tracez des larmes imaginaires en partant des paupières inférieures jusqu'aux joues.

Je t'aime : la main à plat sur le cœur, faites un arc de cercle vers l'avant, en direction de votre bébé.

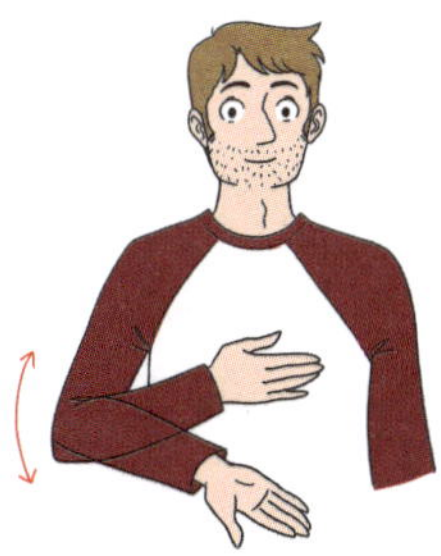

Je commence quand exactement?
Certes, vous n'allez pas pouvoir « dialoguer » tout de suite avec votre petit bout, mais plus vous commencerez à signer tôt, plus il se familiarisera aux gestes. Le moment idéal pour se lancer : dès qu'il suit vos mains du regard. C'est ensuite entre 6 et 9 mois, quand il commence à bien maîtriser les muscles de ses bras et de ses mains, qu'il peut faire ses premiers signes. Et si ces signes sont, au départ, un peu « brouillons », ils s'affineront en même temps que sa motricité !

Au secours, je sens que je ne vais pas y arriver !

Avant qu'il naisse, vous étiez confiante dans votre capacité à le materner… Mais voilà, depuis que vous êtes sortie de la maternité, vous avez parfois l'impression de perdre pied. Quelques pistes pour sortir la tête de l'eau en fonction de vos petits maux.

J'ai l'impression de ne pas comprendre mon bébé…

C'est quoi le problème exactement? Vous avez coché toutes les cases sur votre to-do list en cas de pleurs et votre bébé ne veut toujours pas se calmer. Vous avez globalement l'impression d'avoir toujours un train de retard, de ne pas être à la hauteur de ses besoins…

C'est normal! S'il y avait une formation pour devenir parents, cela se saurait! Résultat : vos premiers pas dans ce nouveau job sont balbutiants… Comme l'ont été ceux de vos parents! Considérez ces quelques semaines comme votre période d'essai (au sens propre du terme, pas question de rendre votre tablier)! En écoutant et en observant votre bébé, en tentant différentes pistes pour répondre à ses besoins, vous trouverez doucement votre rythme de croisière!

→ Mais je fais quoi au juste?

- **Communiquez avec votre bébé!** Vous ne savez pas comment réagir face à ses pleurs? Dites-lui d'une voix calme : « Je ne comprends pas encore ce dont tu as besoin, mais nous allons chercher ensemble. » Objectif : le rassurer.

- **Acceptez les erreurs :** comme tous les parents débutants avant vous, vous allez en faire ! Cela ne fait pas (non plus) de vous une mauvaise mère !
- **Si vous sentez le stress monter, passez le relais** au papa, appelez un ami, un membre de la famille… Votre bébé est une mini-éponge émotionnelle : s'il vous sent angoissée, il le sera aussi !
- **Vous êtes désemparée ?** Faites-vous aider ! Votre sage-femme, le personnel de la PMI, votre pédiatre sont autant de professionnels qui peuvent répondre à vos questions. Une alternative : le numéro vert d'Allô Parents Bébés (0 800 00 34 56 entre 10 heures et 20 heures, appel gratuit).

Et si je ne l'aimais pas assez ?

C'est quoi le problème exactement ? Vous vous attendiez à avoir le coup de foudre, mais la fusion tant attendue n'est pas au rendez-vous et vous déchantez (un peu). Dommage collatéral : vous finissez par vous sentir coupable ! **C'est normal !** Non seulement les premières semaines à trois (ou plus) sont souvent compliquées à gérer, mais comme pour toute relation amoureuse, les sentiments viennent avec le temps !

→ Mais je fais quoi au juste ?

- **Essayez de relativiser :** vous vous occupez au quotidien de votre enfant, vous faites de votre mieux, vous assurez sa sécurité ? Même si vous n'êtes pas (encore) dégoulinante d'amour, vous êtes déjà une mère excellente !
- **Maternez :** le peau-à-peau, le massage ou le portage sont autant de pratiques qui favorisent le lien maman-bébé tout en vous offrant une bonne dose d'ocytocine (la fameuse hormone de l'attachement). Abusez-en !

Je suis encore et toujours déprimée !

C'est quoi le problème exactement ? D'un côté, vous êtes heureuse que votre bébé soit enfin né, mais de l'autre vous ne pouvez pas préparer un biberon ou lancer Instagram sans fondre en larmes.

C'est normal ! Si vous venez d'accoucher, il y a fort à parier que vous êtes en train de faire un bon vieux baby-blues. En effet, de 3 à 10 jours après la naissance, le taux de progestérone, cette hormone euphorisante qui vous a accompagnée pendant 9 mois, chute brutalement.

Résultat : vous avez le moral dans les baskets. Sans compter qu'il faut officiellement « couper le cordon » après 9 mois de fusion, faire face à vos responsabilités, retrouver votre corps (en plus ou moins bon état)…

Mais je fais quoi au juste?

- **Dormez!** Rien de tel pour retrouver le moral que de se reposer (voir p. 44).
- **Tentez l'homéo,** et plus particulièrement…

– IGNATIA si votre blues s'aggrave quand vous pensez à votre bébé et s'il s'améliore avec la distraction ;
– PULSATILLA si vous avez tendance à vous dévaloriser et que votre blues tend à s'améliorer quand on vous console.

La bonne posologie : 5 granules (en 9 ou 15 CH) une ou deux fois par jour pendant 1 mois.

- **Consultez :** si votre coup de déprime s'installe au-delà de 3 semaines, si vous n'avez pas la force de vous habiller, si vous avez l'impression de ne rien ressentir face à votre bébé. En cas de dépression postnatale, votre médecin pourra vous accompagner.

Chapitre 3

Je nourris mon petit glouton

Le nourrir ? Avant, vous étiez sûre d'adorer ! Depuis la naissance de votre bébé, bizarrement, vous êtes moins convaincue… Entre toutes les questions que vous vous posez (A-t-il assez mangé ? Ai-je assez de lait ? Et le foie, à quel âge il y a droit ?) et ses collations inopinées à 2 heures du matin, vous commencez à ronger votre frein. Restez zen, de la tétée à la diversification en passant par le biberon, vous trouverez ici toutes les pistes pour lui donner ses repas en oubliant vos tracas.

Allaitement : je fais la part des choses

L'allaitement vous fera fondre, transformera votre poitrine mignonnette en gants de toilette… Vrais scoops ou fake news ? Tordez vite le cou à vos préjugés sur l'allaitement avec ces 8 assertions.

1. J'allaite, donc je bois beaucoup plus que d'habitude !

Faux !

Inutile de boire des litres pour espérer rassasier votre petit ogre ! Votre production maison n'est pas liée à la quantité d'eau que vous absorbez, mais à votre physiologie et à la succion de votre bébé. En revanche, pour faire du lait, votre corps puise dans ses réserves d'eau et de graisses. Résultat : vous avez tendance à avoir souvent soif… et faim ! Bonne nouvelle : vu l'énergie que vous dépensez à allaiter, vous pouvez manger l'équivalent de 400 kcal supplémentaires par jour (soit 5 biscuits au chocolat et 1 pomme). Faites-vous plaisir sans rougir !

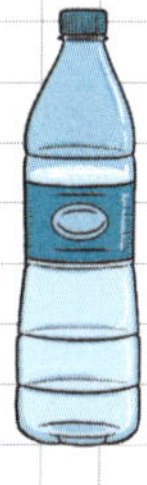

2. Il faut souffrir pour être (belle et) allaitante !

Faux, mais…

L'allaitement peut provoquer des petites douleurs… mais pas n'importe lesquelles ! Si vous avez une sensibilité au niveau des mamelons au cours des cinq jours qui suivent la naissance, pas d'inquiétude, c'est normal : la machine (vous) se rode et vos seins doivent s'habituer à tant de sollicitations ! En revanche, passé ce délai, une douleur persistante doit vous mettre la puce à l'oreille. Faites le point avec votre sage-femme, votre consultante en lactation. L'objectif : vérifier que vous ne souffrez pas d'une inflammation ou que votre bébé tète dans la bonne position.

3. Qui donne le sein entretient ses cernes !

Faux !

Ce n'est pas parce que vous allaitez que vous serez épuisée ! Au contraire, les mamans qui donnent le sein tendraient à avoir un sommeil plus récupérateur que celles qui donnent le biberon. Merci qui ? Merci la prolactine, l'hormone de l'allaitement par excellence. Si vous êtes au bout du rouleau, c'est uniquement parce que vous venez d'avoir un marmot !

4. Pas besoin de contraception quand le bébé est au sein !

Vrai, mais…

L'allaitement peut effectivement empêcher la survenue d'une nouvelle grossesse, mais pour que cette méthode de contraception naturelle (dite MAMA, méthode d'aménorrhée maternelle par l'allaitement) soit efficace, elle doit respecter 4 critères :

- ✔ les tétées ne doivent pas être espacées de plus de 3 heures ;
- ✔ votre bébé ne doit prendre ni biberon, ni tétine, ni pouce, pour favoriser sa succion au sein ;
- ✔ vous devez avoir accouché depuis moins de 6 mois ;
- ✔ vos règles doivent toujours être aux abonnés absents !

Ce n'est pas votre cas ? Votre praticien pourra vous conseiller une méthode de contraception non hormonale, comme le stérilet en cuivre ou une pillule progestative. Parlez-en avec lui !

De l'eau, de la tisane : à partir de quand ?

En la matière, la règle est simple : pas d'eau pure avant 3 mois ! Le début de la diversification alimentaire est donc le moment idéal pour proposer à votre bébé une petite quantité d'eau (minérale ou de source), 2 ou 3 fois par jour, dans une tasse à bec ou un verre. À cet âge-là, vous pouvez aussi lui proposer des petites tisanes « spécial bébé », à lui servir tièdes ou froides.

5. Rien ne vaut le sein pour retrouver la ligne !

Vrai, mais… (parce que, là encore, il y a un mais…)
Pour ranger (enfin) vos pantalons de grossesse, votre meilleur allié est, dans un premier temps, l'allaitement ! En effet, donner le sein permet non seulement de brûler des calories (environ 210 kcal pour 230 ml de lait), mais aussi de puiser dans les graisses stockées en prévision de ces doux moments pendant la gestation. Malheureusement, il n'y a pas de miracle ! Selon votre physiologie, le nombre de kilos pris en attendant votre bébé et votre alimentation pendant la tétée, les kilos superflus risquent de s'installer !

6. Si j'ai un tour de poitrine généreux, mon bébé sera forcément heureux !

Faux !
La quantité de lait que vous produisez n'a rien à voir avec l'opulence de votre décolleté, mais avec la manière dont vos seins sont stimulés. En effet, c'est quand votre bébé tète comme un champion que la succion active les glandes mammaires et les canaux galactophores, les petits tubes qui conduisent le lait de la glande au mamelon. Résultat : votre lait coule à flots (ou presque), que vous portiez un 85A ou un 120G !

> **À chaque bébé son rythme de diversification**
> La diversification alimentaire, c'est comme tout le reste : il y a la théorie… et la pratique ! Chaque enfant vit ainsi cette grande étape à son rythme. Ne vous inquiétez donc pas s'il refuse certains aliments au départ. Il faudra parfois proposer 9 ou 10 fois un aliment avant qu'il ne l'accepte ! Persévérez !

7. Pas de tétée sans ponctualité !

Archi-faux !
Pas besoin d'attendre 3 heures entre deux tétées, au contraire ! Si ce rythme peut convenir à certaines mamans, il peut aussi favoriser les engorgements et autres désagréments (voir p. 30). Sans compter que vos glandes mammaires risquent de manquer de stimulation ! Votre mot d'ordre : faire confiance à votre bébé et laisser le rythme des tétées s'installer naturellement. Même si cela peut vous paraître exigeant et particulièrement intense au début, sachez que cela ne dure qu'un temps.

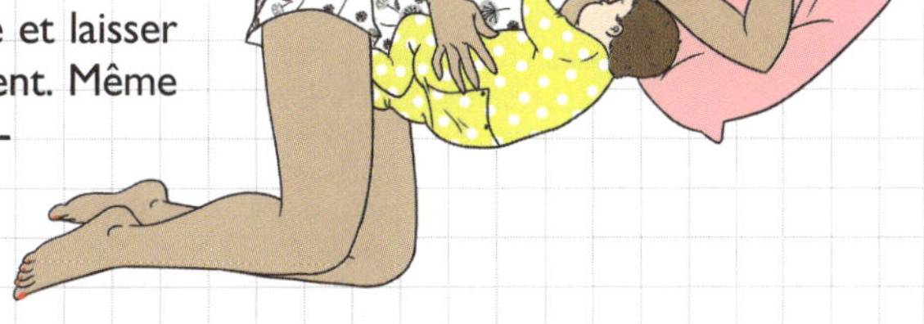

8. Si j'allaite mon enfant, je renonce aux décolletés plongeants !

Vrai et faux !

En réalité, tout commence avec la grossesse ! Sous l'effet de l'imprégnation hormonale, la poitrine gonfle et la peau des seins, peu élastique, en prend un coup. C'est pour cela que certaines mamans qui donnent le biberon se retrouvent (aussi et malheureusement) avec une poitrine qui fait la tête. En revanche, il est vrai que certains tracas de l'allaitement peuvent parfois laisser des traces : cicatrices, gerçures… Heureusement, ces dernières restent rares, surtout si votre bébé est bien positionné lors de la tétée. En revanche, en cas de douleur prolongée : consultez !

Aurai-je assez de lait ?

L'insuffisance primaire de lait (vous n'arrivez quasiment pas à en produire) est un phénomène rare et souvent héréditaire. Si votre mère ou votre grand-mère se sont toujours plaintes de ne pas avoir pu donner le sein, mieux vaut en parler à votre praticien. Rassurez-vous néanmoins : la plupart des femmes ont de bonnes dispositions physiologiques pour sécréter suffisamment de lait, pour peu que la stimulation des seins soit précoce, régulière et efficace !

Mes petits repas adaptés à la tétée

Manger ou allaiter, ce n'est pas comme boire ou conduire : pas besoin de choisir ! Certains réflexes sont cependant à privilégier et d'autres à éviter à l'heure de vous attabler ! Alors, quand je donne le sein, je mange…

… un peu

De tout (dans la limite du raisonnable, bien sûr) ! Finies les restrictions (et les frustrations) de la grossesse : c'est le moment de vous faire plaisir ! Toutefois, n'oubliez pas que ce que vous mangez a une incidence sur la digestion de votre bébé. Il se tortille après une orgie de produits laitiers ? Il a peut-être du mal à les tolérer ! N'hésitez pas à supprimer les aliments qu'il semble ne pas apprécier, le temps de vérifier leurs effets. Pendant l'allaitement, tout est une question d'ajustements !

… beaucoup

Donner le sein, c'est du sport… ou presque ! En tout cas, vous aurez besoin de manger plus (environ 400 kcal supplémentaires par jour) pour compenser l'énergie dépensée pendant les tétées (voir p. 25). Votre nouveau credo : manger sans culpabiliser !

… passionnément

Le lait maternel transporte les saveurs. La mise au sein est donc un bon moyen de faire découvrir à votre marmot les joies des pâtes bolo, du gigot d'agneau et du gâteau choco avant même la diversification alimentaire. Quand vous allaitez, variez les plaisirs !

… pas du tout (ou presque)

Pas question de siroter un mojito pendant que vous allaitez votre bébé : les alcools forts devront attendre le sevrage ! Quant au vin (un petit verre, pas plus), au thé ou au café (avec modération), ils devront attendre après la tétée ! Enfin, si vous avez besoin de prendre des médicaments, vérifiez leur innocuité sur le site du Centre de référence sur les agents tératogènes (CRAT) : www.lecrat.fr.

Pas assez de lait ? Bientôt le sevrage ? J'adapte mon alimentation !

- Vous aimeriez booster votre production de lait ? Intégrez à vos repas le malt d'orge, les graines oléagineuses (amandes, graines de tournesol, sésame), le chocolat, les flocons d'avoine ou le moringa, et buvez des tisanes de galanga ou de chardon-Marie.
- Vous voulez commencer le sevrage ? Cuisinez des plats à base de sauge, de persil et de menthe !

SOS bobos d'allaitement

Donner le sein ? Vous adorez… Mais là, vous êtes obligée de vous rendre à l'évidence : il y a quelque chose qui ne tourne pas rond ! Votre credo : repérer vos symptômes et passer à l'action illico presto !

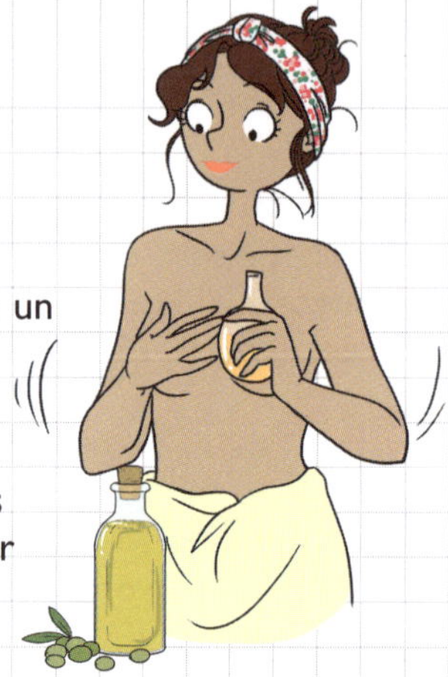

Aïe, j'ai des crevasses !

Je les reconnais comment ?

Votre téton tiraille, votre peau craquelle et votre mamelon saigne un peu. Parfois, on observe une petite infection. Ça tire et ça fait mal.

Mais pourquoi ?

La position du corps de votre bébé était peut-être à revoir, et ces quelques millimètres de décalage ont dû exercer un frottement sur son palais (plus dur qu'il ne paraît). Résultat : votre peau est tout abîmée !

Je fais quoi, maintenant ?

- Appliquez après chaque tétée un corps gras, comme de la lanoline ou de l'huile de coco, ou imbibez une compresse de lait maternel.
- Revoyez la position de votre bébé au sein ! Vous ne trouvez pas comment vous installer confortablement ? Appelez votre consultante en lactation ou votre sage-femme. Une autre piste : un ostéopathe ou un chiropracteur pourront peut-être libérer votre bébé des tensions résiduelles après la naissance.

Au secours, j'ai un engorgement !

Je le reconnais comment ?

Vos seins sont chauds, durs, douloureux, tendus, et ils virent au rouge ? Vos veines vous semblent plus dessinées ? Vous avez l'impression d'avoir de la fièvre ? Ne laissez pas la situation s'installer !

Mais pourquoi ?

L'engorgement est causé par un excédent de liquide qui se loge sous la peau et vient former un œdème (une boule douloureuse). Résultat : le lait peine à s'écouler.

Je fais quoi, maintenant ?

La tétée est souvent le meilleur allié contre les engorgements. Continuez donc à mettre votre bébé au sein, même s'il est douloureux ! N'hésitez pas à vous faire prescrire des antalgiques compatibles avec l'allaitement (paracétamol ou ibuprofène). Vous pouvez aussi appliquer une compresse chaude sur votre poitrine (pour faire couler le lait) ou un corps froid, pour faire dégonfler.

Attention : si la douleur s'intensifie et persiste, consultez rapidement votre sage-femme ou votre médecin généraliste ! Un traitement antibiotique est parfois nécessaire quand les risques persistent au bout de 24 heures.

LA MAISON des MATERNELLES

Les bonnes positions pour allaiter :
Les conseils d'Anna Roy, sage-femme à la Maison des Maternelles

1 Commencez par prendre la position de base. Bien assise dans votre fauteuil, les jambes légèrement surélevées, placez votre coussin d'allaitement sur vos genoux, de part et d'autre de votre taille. Positionnez ensuite votre bébé en face de vous, à la hauteur de votre téton, ventre contre ventre pour éviter qu'il n'ait la tête levée ou tournée (et donc qu'il tire sur le bout de votre sein). Il est au top si :
– sa tête est dans l'axe de sa colonne ou légèrement en arrière ;
– il peut envelopper tout le mamelon avec sa bouche ;
– il a les lèvres bien retroussées (et pas en position de pincement).

2 Adoptez ensuite la position qui vous convient :

- **Pour la madone,** maintenez simplement la tête de votre tout-petit en face de votre sein avec votre avant-bras (comme s'il était lové dans le creux de votre coude).

- **Pour la madone inversée,** restez dans la position de base, tenez votre sein dans une main, votre bébé dans l'autre, et faites se rencontrer les deux.

- **Pour le ballon de rugby** (idéal si vous avez eu des jumeaux ou une césarienne), placez votre bébé à côté de vous, le long de votre hanche, et soutenez son visage face à vous avec votre bras.

- **Pour la tétée allongée** (pour la nuit, les grosses fatigues), installez-vous sur votre lit, sur le côté, mettez votre bébé sur le côté lui aussi, en face de votre sein, en posant ou non sa tête sur votre bras, selon le sein qu'il va solliciter.

5 règles d'or pour un sevrage zen

Bon gré, mal gré, vous avez décidé d'arrêter de l'allaiter. Mais voilà, maintenant, vous flippez à l'idée que cela puisse mal se passer ! Pas de panique : vous allez y arriver, il suffit de respecter quelques règles bien ficelées.

1. Je me lance… quand je sens que c'est bon !

Vous ne prenez plus de plaisir à allaiter ? Vous sentez que continuer d'allaiter en retournant au bureau sera trop contraignant pour vous ? Il est peut-être temps de commencer à sevrer votre bébé. Mais, que ce soit à 3 semaines, à 6 mois ou à 1 an, rappelez-vous : l'arrêt de l'allaitement est une décision qui n'appartient qu'à vous. Le bon moment pour vous lancer : quand vous vous sentez prête… et c'est tout !

Allaitement au travail : quels sont mes droits ?

En tant que jeune maman, vous bénéficiez de 1 heure par jour que vous répartissez selon votre gré pour l'allaitement, soit en faisant venir votre bébé à vous, soit en utilisant un tire-lait. Selon l'article L1225-30 du Code du travail, si votre entreprise compte 100 salariés ou plus, votre employeur est tenu de mettre à votre disposition un local d'allaitement séparé de votre espace de travail !

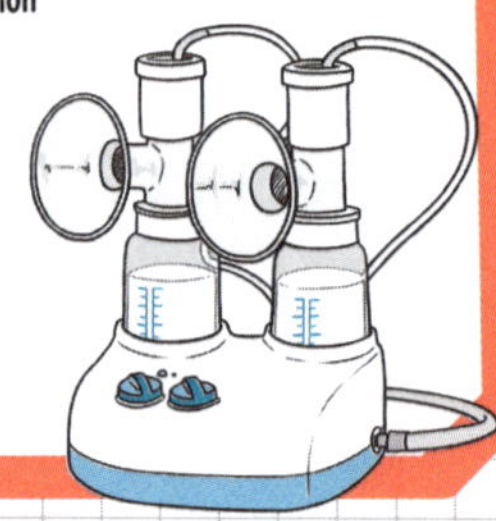

2. J'y vais à tâtons !

Pour sevrer votre bébé, la règle de base est de réduire progressivement les mises au sein en remplaçant chaque jour une tétée, puis deux, puis trois, etc., par un biberon ou des aliments solides suivant son âge. L'intérêt ? Réduire votre lactation progressivement, mais aussi permettre à votre bébé de s'adapter. Vous avez une deadline fixe ? Commencez le sevrage bien en amont, au moins 2 à 3 semaines (voire 1 mois) avant le jour J, de façon à prendre votre temps.

3. Je lui offre une distraction !

La transition du sein au biberon n'est pas toujours facile. Si c'est le cas pour votre bébé, faites diversion en lui proposant d'abord le sein puis, sans aller au bout de la tétée, passez au biberon dans la foulée ! Diminuez ensuite progressivement le temps au sein, et il devrait finir par faire moins de résistance !

4. Je m'adapte à mon bébé !

Le temps de sevrage dépend de chaque bébé. Respectez le rythme de votre tout-petit et n'essayez surtout pas de le priver de tétées pour augmenter son appétit face au biberon. Cela risque au contraire de le brusquer et de ne pas avoir l'effet escompté.

Sucres, jus de fruits : je fais quoi ?
La première année de votre bébé, la règle est ultra-simple : zéro sucres ajoutés ! Exit donc les jus de fruits industriels, bien trop sucrés ! Vous pouvez en revanche lui proposer des jus fraîchement pressés en association avec son dessert ou parfois au cours de la matinée. Mais attention : ils doivent rester exceptionnels !

5. Je deviens un vrai marmiton !

Mâchonner une tétine lui donne le spleen ? Restez patiente et continuez à lui proposer régulièrement le biberon malgré ses refus ! Votre enfant a dû s'entraîner avant de savoir bien téter, il en va de même pour le biberon !

Il refuse catégoriquement le bib' ? Tentez d'autres méthodes ! Les pistes à creuser pour lui faire renoncer au sein : utiliser une tasse à bec ou, les premières semaines, cuisiner un flan à base de lait maternel, puis des purées à partir de 6 mois ! L'essentiel est que votre petit prenne les quantités quotidiennes de lait nécessaires à son développement, quelle que soit leur forme !

Et si je tentais un flan au lait (mon lait) ?
Pour un flan (5 portions), prenez 50 cl de lait maternel et 2 g d'agar-agar (un gélifiant naturel). Faites chauffer le lait doucement. Quand il est tiède, incorporez l'agar-agar, remuez et laissez sur le feu 1 min sans faire bouillir. Placez le tout dans des petits récipients et conservez au frigo au moins 3 heures avant dégustation. À consommer rapidement !

Abécédaire du biberon pour parents débutants

Entre les tétines numérotées, les laits à mention bizarre (AR, anti-coliques ?) et autres nouveautés, vous êtes un peu dépassée au rayon biberonnerie. Petit lexique pour vous aider à vous y retrouver.

A comme (premier) âge

Vous venez de sortir de la maternité et cherchez un bib' pour votre baby ? Si vous pouvez bien sûr miser sur un biberon « 1er âge », sachez qu'un modèle usuel peut parfaitement faire l'affaire. Côté tétine, privilégiez plutôt le perçage excentré pour ses premiers repas (voir p. 37).

B comme bisphénol A

Longtemps présent dans certains plastiques alimentaires, le bisphénol A (BPA), un perturbateur endocrinien (voir p. 77), est interdit dans les biberons, en France, depuis 2011. Même si elle peut rassurer, la mention « sans BPA » est donc plutôt un argument marketing puisque tous les biberons neufs vendus en Europe en sont désormais dépourvus. En revanche, les substances qui le remplacent (et notamment le bisphénol F) sont aujourd'hui elles aussi décriées. Les alternatives vraiment sûres ? Les biberons en verre (moins pratiques mais sains et écologiques), en inox, voire en polyéthersulfone (PES) et en polypropylène (PP). Quant aux tétines, rien ne vaut un latex naturel !

C comme composition (du lait infantile)

Le lait infantile est fabriqué à partir de protéines de lait de vache qui ont subi différentes transformations pour répondre aux besoins nutritionnels de votre bébé, s'adapter à ses capacités digestives et se rapprocher au maximum du lait maternel. La seule différence entre les (1 001) produits aujourd'hui disponibles à la vente ? Leur teneur en protéines, en lipides, en glucides, en sels minéraux, en vitamines… Et encore ! La réglementation européenne en la matière étant très stricte, les fabricants ont l'obligation, depuis 2010, de respecter des seuils minimaux et maximaux pour chaque nutriment ! En un mot, ne vous mettez pas la pression : le lait que vous aurez choisi pour votre bébé sera le bon !

Son lait est-il sain ?
Les derniers scandales (en date) de contamination des laits infantiles vous inquiètent ? Rassurez-vous ! Ces événements restent heureusement très rares et sont suivis de près par la DGCCRF (Direction générale de la concurrence, de la consommation et de la répression des fraudes). N'hésitez pas à consulter régulièrement les avis de rappels de produits sur www.economie.gouv.fr pour vous rassurer et vérifier que vos derniers achats ne sont pas concernés.

D comme digestion

Tant que votre nourrisson est au biberon et que tout va bien, la règle de base est de choisir un lait et de s'y tenir ! Si votre bébé souffre de petits maux digestifs, en revanche, un changement de lait pourra, dans certains cas, l'apaiser. Enrichis ou non en caséine ou en lactose, les laits anti-coliques, anti-régurgitations et anti-constipation sont à privilégier… uniquement sur les conseils de votre médecin ! À noter : il existe aussi des biberons spécifiques contre les coliques ou le reflux. À tenter, même s'ils ne sont pas miraculeux !

Quel lait pour mon bébé?

- **Le lait 1er âge,** ou préparation lactée pour nourrisson, est généralement conseillé jusqu'au début de la diversification alimentaire, dès que le biberon est remplacé complètement par un repas à la cuillère.
- **Le lait 2e âge,** ou préparation de suite, est à donner jusqu'à 12 mois.
- **Le lait de croissance** peut être proposé à partir de ses 12 mois et jusqu'à ses 2 ans au moins.

E comme eau

Si l'eau du robinet peut être utilisée dans la préparation d'un biberon, elle doit respecter de nombreux critères : provenir de canalisations sans plomb, contenir une quantité négligeable de nitrates ou de pesticides… Si vous n'êtes pas certaine de la qualité de l'eau de votre commune (à vérifier sur www.eaupotable.gouv.fr), misez sur l'eau en bouteilles, de source ou minérale. Veillez à ce que celle-ci soit faiblement minéralisée et non gazeuse (type Volvic®, Evian®, Mont Roucous®, Thonon®) et, une fois la bouteille ouverte, gardez-la au frais et consommez-la dans les 24 heures.

J comme jeter ou non?

Gaspiller n'est vraiment pas votre tasse de thé ? Sachez pourtant qu'un biberon entamé doit être bu dans l'heure ou jeté pour éviter toute contamination microbienne ! De la même façon, évitez de préparer le bib' à l'avance, même si vous pouvez le conserver exceptionnellement au fond du frigo pendant quelques heures (si la température ne dépasse pas 4 °C) !

M comme micro-ondes (oh non !)

Pour gagner 5 minutes de vie à chaque biberon, rappelez-vous que votre bébé se contentera, avec plaisir, d'un lait à température ambiante. Pour vous, rien ne vaut un biberon réchauffé avec amour ? Pas de problème, à condition d'éviter le micro-ondes. En effet, non seulement ce dernier tend à chauffer le lait trop fortement et augmente donc les risques de brûlures, mais il favorise aussi la propagation des substances potentiellement toxiques contenues dans le plastique. Dans tous les cas, n'oubliez pas de toujours vérifier la température du lait en en versant quelques gouttes sur l'intérieur de votre poignet.

N comme noisette

Les laits végétaux (d'avoine, de soja, de noisette…) et d'origine animale hors lait de vache (ânesse, chèvre…) sont non seulement inadaptés aux besoins de votre nourrisson, mais ne sont encadrés par aucune réglementation. Résultat, ils risquent d'être à l'origine de carences (en acides gras essentiels, notamment). À proscrire!

Quelles doses de lait à quel âge?

	Quel lait	Quelle quantité	Combien de bib'
Jusqu'à 1 mois	1er âge	90 ml d'eau + 3 mesures de lait	de 6 à 8 biberons
De 1 à 2 mois	1er âge	120 ml d'eau + 4 mesures de lait	5 biberons
De 2 à 3 mois	1er âge	150 ml d'eau + 5 mesures de lait	5 biberons
De 3 à 4 mois	1er âge	180 ml d'eau + 6 mesures de lait	5 biberons
De 4 à 5 mois, selon l'avancée de la diversification	1er âge ou 2e âge	180 ml d'eau + 6 mesures de lait	4 ou 5 biberons
De 5 à 6 mois, selon l'avancée de la diversification	1er âge ou 2e âge	180 ml d'eau + 6 mesures de lait	4 biberons
De 6 à 12 mois	2e âge	240 ml (ou plus) d'eau + 8 mesures (ou plus) de lait	2 biberons

S comme stérilisation

Plus besoin de stérilisation! Aujourd'hui, un lavage efficace avec de l'eau chaude, du liquide vaisselle et un goupillon suffit amplement, surtout quand il a plus de 3 mois. Une fois le biberon et la tétine propres, laissez-les sécher sur un égouttoir, tête vers le bas.

T comme tétine

Premier réflexe côté tétines : en choisir une adaptée à la bague de votre biberon et estampillée « 90/128/CEE » pour être certaine qu'elle soit conforme à la réglementation européenne. Ensuite, testez ce qui convient le mieux à votre tout-petit (et un peu à vous aussi)…

- **Les tétines à perçage excentré** sont particulièrement adaptées pour les nouveau-nés. Leur intérêt ? Elles permettent d'expulser le lait sur les muqueuses du palais ou au niveau des joues, et ainsi de faire durer la tétée, de limiter régurgitations et coliques, et d'apaiser son besoin de succion.
- **Les tétines avec une ouverture en fente** à 3 vitesses permettent d'adapter le débit de lait et sont plus pratiques si vous tâtonnez.
- **Les tétines à ouverture en T** varient la quantité de lait en fonction de l'intensité de sa succion. Idéales pour les gros mangeurs ou au début de la diversification (pour les soupes) !

LA MAISON des MATERNELLES

Je prépare son biberon comme une pro !
Les conseils de Laurence Rameau, puéricultrice à la Maison des Maternelles

- Commencez par vous laver les mains et préparez tout le matériel dont vous avez besoin : le biberon, le lait infantile et sa mesurette, une bouteille d'eau et un couteau.
- Versez l'eau à température ambiante et en quantité adaptée dans le biberon. À noter : les indications données par votre pédiatre sur le volume du biberon (90, 120, 150 ml…) correspondent toujours à la quantité d'eau sans lait !
- Incorporez ensuite le lait en poudre, en veillant à bien l'araser à l'aide du couteau, sans le tasser. L'objectif est d'avoir la juste quantité de lait infantile, une mesurette correspondant généralement à 30 ml de liquide.
- Mélangez le tout en faisant rouler le biberon d'avant en arrière entre vos mains pour que le lait ne s'accumule pas dans la tétine. C'est prêt !

Mon calendrier (à compléter, voir p. 94), de la diversification alimentaire

En quelques mois, il est devenu presque géant ! La preuve, votre enfant va commencer à manger comme un grand (ou presque). Par où commencer ? Quelles doses lui donner ? Petit tableau pour répondre à toutes vos questions !

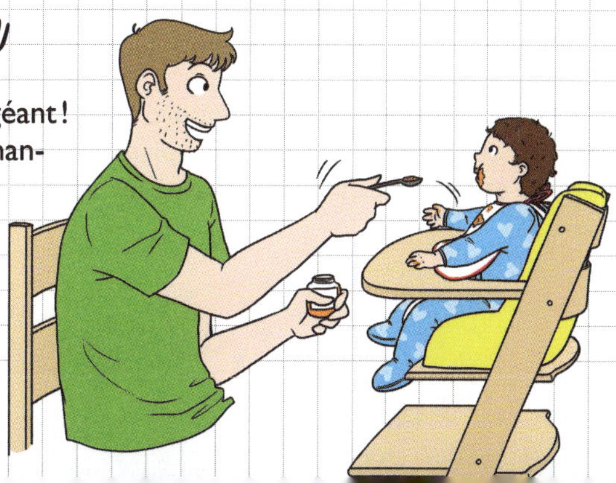

Chapitre 4

J'endors mon petit loir !

Depuis l'arrivée de votre bébé, vous êtes aussi familière avec la notion de sommeil qu'avec la philosophie de Kant ? Rassurez-vous, dans très peu de temps, il fera ses nuits… et vous retrouverez les vôtres ! En attendant, organisez son espace de repos, adoptez les rituels d'endormissement qui marchent, familiarisez-vous avec ses rythmes naturels… et surtout armez-vous de patience !

Mon pas-à-pas pour lui offrir un sommeil apaisé et sécurisé !

S'il y a bien une chose que vous avez comprise depuis la naissance de votre tout-petit, c'est que le sommeil est un luxe (et non un acquis) ! Pour l'aider à se prélasser dans les bras de Morphée tout en vous évitant de stresser, offrez-lui des repères et la sécurité !

Pour lui assurer une bonne sécurité

1. Je le couche dans un lit adapté !

Un berceau à sa taille, avec des barreaux aux normes (écartement de 4,5 à 6,5 cm), un matelas ferme et une alèse aux dimensions du lit : avec cela, vous devriez dormir tranquille (ou presque) ! En revanche, pas de dodo sur le canapé, sur un coussin d'allaitement ou sous votre couette !

2. Je remballe les doudous et j'expulse le chat !

Placés dans son berceau, doudous, joujoux et autres accessoires (coussin, tour de lit, attache-tétine…) pourraient entraver sa respiration. C'est non ! Même combat pour les animaux domestiques de la famille : interdiction d'entrer dans la chambre du bébé !

3. Je remise les draps brodés de mamie !

La turbulette est super-chouette et elle garantit à votre bébé un sommeil sécurisé, contrairement aux draps, couvertures, plaids…

Mort inattendue, mort subite : quelle différence ?

Les médecins différencient la mort inattendue du nourrisson (MIN) de la mort subite (MSN).

- La MIN se définit comme le décès brutal d'un bébé considéré en bonne santé. On y inclut les cas de mort subite du nourrisson, mais aussi les accidents, les disparitions dues à une infection et les cas de maltraitance.
- La MSN concerne avant tout les nourrissons entre 2 et 6 mois. Heureusement de plus en plus rare (environ 0,3 ‰ naissances), la mort subite du nourrisson serait due à l'induction de changements dans la respiration, le rythme cardiaque et les mécanismes d'éveil du tout-petit par différents facteurs, comme le tabagisme passif, le couchage sur le ventre, une literie inadaptée, le cododo ou une température trop élevée de sa chambre.

Pour protéger votre petit chou, un seul mot d'ordre : la prévention !

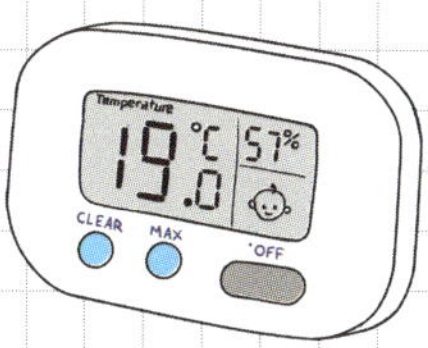

4. Je lui propose des nuits fraîches !

Une chambre à 19 °C, c'est peut-être un détail pour vous, mais pour sa santé et son sommeil, cela veut dire beaucoup ! Évitez aussi de couvrir votre bébé : s'il a sa turbulette (voire simplement son pyjama en été), cela suffit !

5. Je le pose sur le dos dans son berceau!

C'est la principale consigne de sécurité, pour éviter là encore que sa respiration ne soit entravée. Et elle a fait ses preuves en matière de prévention de la mort subite du nourrisson : – 75 % en 15 ans! Zéro hésitation!

6. J'arrête de fumer!

Le tabagisme passif est un facteur favorisant de la MSN... S'il vous fallait un (nouvel) argument pour vous motiver d'arrêter de fumer, vous voilà équipée!

Et si la tétine le protégeait?
Vous avez craqué à la sortie de la maternité en lui donnant une tétine sous l'œil réprobateur de votre mère? Argumentez que c'est pour sa sécurité! En effet, selon une étude (et une seule, malheureusement), les bébés suçant la tétine auraient 90 % en moins de risques d'être victimes de la MSN que les bébés sans sucette! Ce qui ne veut évidemment pas dire que votre bébé est en danger s'il a choisi de sucer son pouce ou s'il dort comme un petit ange!

Pour que ses nuits soient douces...

1. Je ne laisse pas mon bébé dans un coin (sauf pour dormir)

Votre bébé a besoin de repères pour s'endormir sereinement. Pour cela, aménagez-lui une chambre ou, au moins, un coin bien à lui. Évitez de balader son berceau de pièce en pièce. Plus tôt il résoudra l'équation chambre = dodo, plus tôt vous en profiterez pour roupiller!

2. J'y vais mollo sur la déco!

La grossesse a sûrement éveillé la décoratrice d'intérieur qui sommeillait en vous, mais, pour favoriser le sommeil de votre bébé, la règle reste la douceur et la sobriété! Ainsi, évitez les couleurs vives sur les murs (cela pourrait l'exciter), l'accumulation de peluches et le mobile qui lui touche le bout du nez. Certes, ce dernier peut être intéressant pour son éveil et sa motricité (voir p. 85), mais il peut aussi le sursolliciter. Le bon réflexe : un mobile simple, aux couleurs franches (voire noir et blanc les premières semaines) pour qu'il puisse le voir, et surtout sans musique! À placer au-dessus de lui, au niveau de son ventre et non de sa tête pour éviter qu'il ne se torde le cou à le regarder!

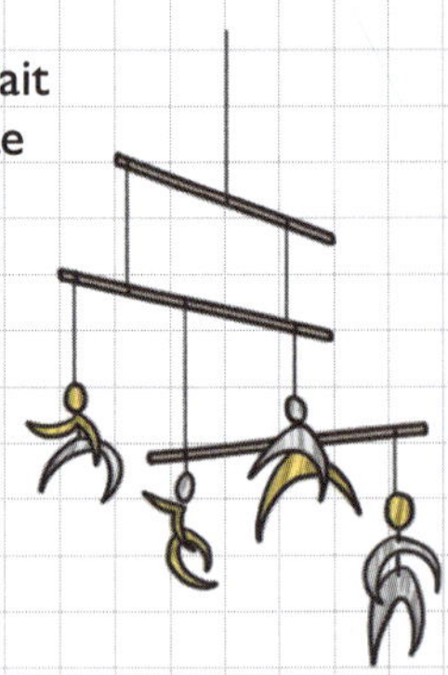

3. J'instaure un rituel du coucher

Pour que votre bébé comprenne que c'est l'heure de dormir, instaurez avec lui un rituel de sommeil : une petite chanson, une histoire, un massage… Trouvez la méthode adaptée à votre bébé et répétez les gestes avec attention chaque soir ! Il n'est jamais trop petit pour commencer.

Cododo : bonne ou mauvaise idée ?
Dormir avec son bébé n'est pas, en soi, une mauvaise idée, au contraire. En 2016 déjà, l'American Academy of Pediatrics (la société savante des pédiatres américains) recommandait le co-sleeping jusqu'à l'âge de 6 mois au moins, idéalement 1 an, afin de favoriser la surveillance du bébé, l'allaitement et le peau-à-peau pour réduire les risques de MSN. Dormir avec son bébé, certes, mais pas n'importe comment ! Il doit dormir sur le dos, sur une surface ferme et dans son propre espace (son berceau). En revanche, le bébé dans votre lit, c'est non !

Le calendrier du sommeil de mon bébé

S'il y a des petits et des gros dormeurs, les bébés respectent tous, peu ou prou, un calendrier de sommeil bien particulier, qui devrait vous éclairer !

Jusqu'à 3 mois : il dort, il dort !

Votre bébé ne différencie pas encore le jour de la nuit. Comptez environ 20 heures de sommeil par jour pour sa 1re semaine, puis de 16 à 20 heures de dodo à partir de 1 mois. Votre petit loir parvient alors à rester éveillé 2 à 3 heures de suite, pas plus !

Entre 3 et 4 mois : il fait ses nuits, youpi !

À partir de 3 mois, votre bébé a besoin (en moyenne) de 14 à 16 heures de sommeil par jour. C'est aussi à cette époque bénie qu'il commence généralement à faire ses nuits (soit dormir 5 ou 6 heures de suite, entre 23 heures et 8 heures). Et c'est normal ! Il adopte doucement un rythme circadien (calé sur une journée de 24 heures) et différencie ainsi le jour et la nuit… Dès 4 mois, votre bébé commence aussi à faire des siestes régulières : une le matin, une l'après-midi et une en fin de journée.

Entre 5 et 8 mois : il devient (presque) prévisible !

Bonne nouvelle : votre bébé a (enfin !) un sommeil plus prévisible ! À la fin de son 6e mois, il dort ainsi en moyenne 10 à 12 heures par nuit et fait deux siestes par jour : une le matin et une l'après-midi. Certes, il lui arrive encore de se réveiller la nuit, mais il apprend peu à peu à se rendormir seul ! #victoire

Entre 8 et 12 mois : il angoisse !

Autour de 8 mois, votre bébé risque de subir un phénomène bien connu des mamans : l'angoisse de la séparation. Normale et essentielle à son développement psychoaffectif, cette étape peut toutefois perturber son sommeil. Concrètement, cela donne quoi ? Dès que vous quittez la pièce, il hurle, a besoin de vous voir, de vous entendre, d'être rassuré ! Résultat, le moment du coucher devient plus compliqué ! Heureusement, ce n'est qu'une phase et, en attendant, il continue de dormir 10 à 12 heures par nuit et à faire deux siestes dans la journée.

Dors, dors, je le veux !

Vous avez tout essayé et il refuse (obstinément) de roupiller ? C'est le moment d'essayer les trucs des mamans expérimentées ! Alors, si vous tentiez…

… le sèche-cheveux

« Le premier mois de ma fille a été compliqué au niveau des nuits. Pour l'endormir, la seule solution qui marchait était de faire marcher le sèche-cheveux à quelques mètres d'elle. Pas très agréable pour les voisins, mais terriblement efficace de notre côté. » (Sarah, 32 ans)

… le bruit blanc

« Notre sage-femme nous avait conseillé d'essayer de reproduire des bruits proches des sons perçus in utero par notre bébé. Nous avons donc téléchargé une appli de bruit blanc (un son proche d'un vieux téléviseur en panne)… et cela a été miraculeux ! Petit conseil : utilisez toujours votre téléphone en mode avion. » (Julie, 37 ans)

… la balade

« Pour s'endormir, ma fille avait toujours besoin d'être en mouvement. La poussette ou le porte-bébé à toute heure de la journée, la voiture quand il ne faisait pas beau… J'ai passé ses premiers mois à me déplacer ! Finalement, ce n'était pas plus mal, car ça m'a permis de prendre l'air et de me vider la tête ! » (Caroline, 26 ans)

… l'ASMR

« Mon fils est né pile au moment où tout le monde parlait de l'ASMR, où l'on voyait sur YouTube ces vidéos (bizarres) de relaxation où des gens s'enregistrent en train de susurrer la notice d'une machine à café. J'ai commencé à en regarder par dérision plus qu'autre chose… avant de me rendre compte qu'elles endormaient bien Léo. » (Fanny, 34 ans)

… un massage (pour lui, pas pour vous !)

« Pour endormir ma fille, rien n'a jamais aussi bien marché que le massage. Je nous ai inscrites à un atelier quand elle avait deux mois, et il a suffi que je lui tripote les petons pour qu'elle s'endorme ! » (Lola, 24 ans)

Et s'il ne veut toujours pas s'endormir ?
Si votre bébé ne dort pas, c'est peut-être qu'il éprouve une gêne.
C'est le moment de vérifier :

- qu'il n'a pas de température (avec un thermomètre frontal, pour ne pas le déranger) ;
- qu'il n'a pas besoin d'être changé ou de (re)faire un rot ;
- qu'il n'a ni trop chaud ni trop froid.

Si vous n'avez pas résolu le mystère, s'il a de la fièvre ou un comportement inhabituel, passez un coup de fil à votre pédiatre !

Il roupille, moi aussi !

Entre vos insomnies de fin de grossesse, votre accouchement, votre séjour à la maternité et votre petit charmeur qui vous sollicite toutes les 3 heures, vous êtes claquée !
La solution : respectez religieusement ces 4 commandements.

1. Egoïste tu seras !

L'accouchement, c'est comme un marathon… Et comme après un marathon, vous allez avoir besoin de temps pour récupérer : au moins 1 mois, selon certains professionnels de santé. Il va donc falloir éviter de vous épuiser à de basses tâches et déléguer ! Des séances de baby-sitting pour belle-maman, des petits plats préparés par vos amies, le ménage pour votre homme… Dans les semaines à venir, vos seules missions se résument en 4 syllabes : dodo et bébé !

2. De la sieste tu abuseras !

Lors du 1er mois de votre bébé, adoptez son rythme : quand il s'endort, somnolez aussi ! Les temps de repos de la journée sont essentiels à votre récupération, et permettent de compenser vos réveils nocturnes.
La règle : 1 réveil la nuit = 1 heure de sieste le lendemain, 2 réveils = 2 siestes…

3. Un tableau Excel tu créeras !

Certes, vous êtes à la maison toute la journée, mais ce n'est pas une raison pour (tout) faire ! Dressez, le plus tôt possible, un cahier des charges avec votre moitié pour vous répartir les tâches ménagères (la lessive, la vaisselle, la poubelle). Le congé mat' est prévu pour récupérer, pas pour s'épuiser !

4. Les médecines alternatives tu tenteras !

Vous n'arrivez pas à reprendre du poil de la bête ? Tentez…

- **La phytothérapie,** et plus particulièrement l'ortie et la prêle (reminéralisantes), la spiruline (hyper-nutritive), l'acérola et le cynorhodon (riches en vitamine C).
- **L'homéopathie :** en cas de fatigue nerveuse, prenez Phosphoricum acidum à raison d'une dose globule par semaine pendant 1 mois.

Parlez-en à votre praticien !

Chapitre 5

J'apaise les petits maux de mon chaton

Entre ses dents qui poussent, son transit paresseux, ses fesses qui s'irritent pour un oui ou pour un non et son estomac qui lui joue des tours, votre petit champion n'est pas au bout de ses peines ! Heureusement, il existe quelques solutions bien pensées pour faire passer ses petits maux du quotidien haut la main… et ramener le calme à la maison par la même occasion !

Mon programme pour apaiser ses poussées dentaires

Elle a beau être la plus mignonne qui soit, la première quenotte de votre bébé (et les suivantes d'ailleurs) risque de lui causer bien du chagrin. Votre mot d'ordre : serrez les dents, courbez l'échine le temps qu'arrive la canine et adoptez ce plan anti-douleurs en 4 temps !

Comment poussent les dents de mon bébé ?

C'est généralement vers 4 ou 5 mois que pointe la première des 20 dents de lait de votre souriceau. Commence alors un long bal de poussées dentaires qui va durer 2 ans environ ! Si elles n'apparaissent pas toujours au même âge, les quenottes poussent cependant toujours dans le même ordre, à savoir :

- entre 4 et 7 mois, les 2 incisives médianes inférieures, puis supérieures ;
- entre 8 et 12 mois, les 2 incisives latérales supérieures, puis inférieures ;
- entre 12 et 18 mois, les 4 premières molaires ;
- entre 18 et 24 mois, les 4 canines ;
- entre 24 et 30 mois, les secondes molaires !

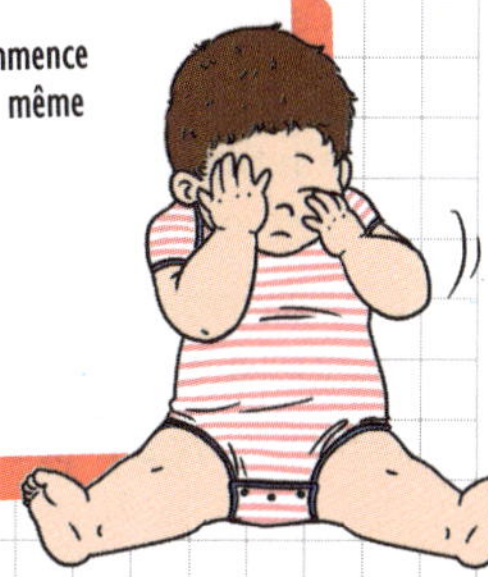

1. Je repère les symptômes qui ne trompent pas !

Votre petit champion vous semble grognon ? Il pleure plus souvent que d'habitude ? C'est peut-être ses dents qui le travaillent ! Et comme la dent peut mettre longtemps à percer, mieux vaut savoir identifier les signes de la poussée pour pouvoir rapidement le soulager.

Votre bébé…

- ❑ porte ses doigts à la bouche, se mord le poing.
- ❑ a les joues rouges.
- ❑ a les fesses irritées.
- ❑ a une fièvre modérée (38 °C environ).
- ❑ se réveille la nuit (plus souvent qu'à l'accoutumée, malheureusement).
- ❑ a des selles molles.
- ❑ bave comme un limaçon.
- ❑ a la gencive irritée, qui se dédouble.

Vous avez coché une ou plusieurs cases ? Peu de doute : ce sont les dents !

2. Je m'arme de bons remèdes (et de courage) !

Dès les premières semaines de votre bébé, n'hésitez pas à constituer votre petit kit « SOS quenottes en détresse » avec :

- ✔ un anneau ou une bague de dentition, à lui donner tout au long de la journée ;
- ✔ un gel antalgique type Dolodent® ou Pansoral®, en application locale sur la gencive 2 ou 3 fois par jour en cas de douleurs :
- ✔ du paracétamol si les douleurs persistent ou qu'elles s'accompagnent de fièvre, en veillant à bien respecter la dose par rapport au poids, soit 15 mg/kg/prise, toutes les 6 heures) ;
- ✔ les médicaments homéopathiques appropriés.

Il est sur les dents ? Vite, un remède naturel apaisant !

• En homéopathie

S'il existe des remèdes « tout faits », type Camilia® (laboratoires Boiron), votre praticien pourra aussi préconiser :
– Chamomilla vulgaris si votre bébé a les joues rouges ;
– Phytolacca s'il crie, gémit, mord ses poings ou les objets ;
– Podophyllum si la poussée dentaire s'accompagne de diarrhée.

• En phytothérapie

Versez quelques gouttes d'hydrolat (eau de fleurs) de camomille romaine sur une compresse et appliquez-la sur la gencive 2 ou 3 fois par jour pendant 3 jours.

3. J'évite les fausses bonnes idées

Face aux poussées dentaires, votre mamie comme vos amies auront sûrement 1 001 bons plans pour apaiser votre enfant. Le hic : certaines idées sont loin d'être recommandées…

Je lui enfile un collier d'ambre ? Pas moyen !

Et pourquoi pas ? Prisée depuis l'Antiquité pour ses vertus apaisantes, l'ambre se décline en collier pour soulager les poussées dentaires. Très chic !

Le hic : non seulement les pouvoirs antalgiques de l'ambre n'ont jamais été prouvés, mais le port du collier chez les tout-petits est ultra-déconseillé, car il favorisait les risques de strangulation ou de fausse route. Un grand non !

J'aide la dent à sortir ? Hors de question !

Et pourquoi pas ? Vraiment, donner un coup de main à la nature pour que cette maudite quenotte finisse par sortir, vous ne voyez pas où est le problème !

Le hic : « limer » sa gencive avec un morceau de sucre ou sa petite brosse à dents, c'est surtout favoriser les risques d'infection locale. Encore non !

Je lui donne un biberon d'eau sucrée, de jus de fruits ou un croûton de pain ? Ce n'est pas malin !

Et pourquoi pas ? Tout est bon pour apaiser votre bébé (tout en l'encourageant à mâchonner).

Le hic : non seulement les jus et les boissons sucrés n'apportent rien sur le plan nutritionnel (voir p. 33), mais ils favorisent l'apparition de caries et l'accoutumance au sucre. Quant au croûton de pain, pourquoi pas, à condition que votre bébé en mange déjà !

LA MAISON des MATERNELLES

Comment brosser les dents de votre bébé ? Les conseils de Laurence Rameau, puéricultrice à la Maison des Maternelles !

Dès la première dent, réalisez le brossage après le dernier biberon ou la dernière tétée. Installez-le face au miroir, mouillez une petite compresse avec de l'eau et pincez ses dents de haut en bas, l'une après l'autre.

Dès qu'il marche, introduisez une brosse à dents adaptée. Mouillez-la et brossez les dents, de la gencive vers le bas (ou le haut). Attention : pas de dentifrice avant 3 ans, quand votre bébé sait cracher !

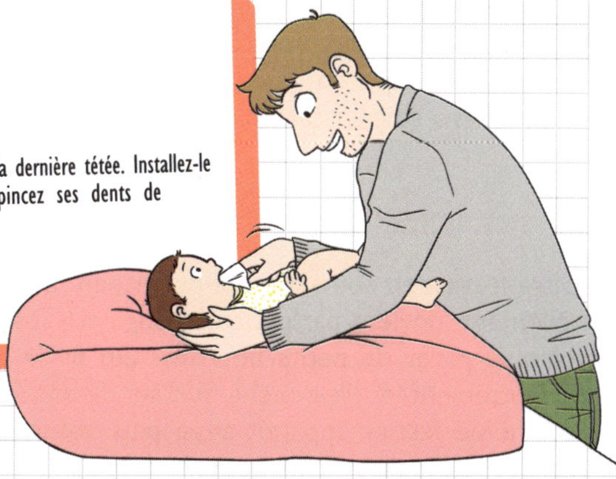

Je place son anneau au congélo ? Mauvaise idée !

Et pourquoi pas ? Après tout, le froid a un effet antalgique…
Le hic : trop de froid tue les effets bénéfiques du froid ! En effet, s'il est gelé, l'anneau de dentition pourrait brûler sa petite gencive. En revanche, n'hésitez pas à le laisser reposer quelques instants au frigo.

4. Je lui offre un petit massage !

Sur les réseaux, vous vous abreuvez de #massage, #holisticlife ou #bebebio ? La réflexologie plantaire est faite pour vous et votre petit bout ! En stimulant certaines zones de digitopression du pied, cette médecine traditionnelle chinoise permet de soulager des maux ciblés, dont (ô miracle !) les poussées dentaires !

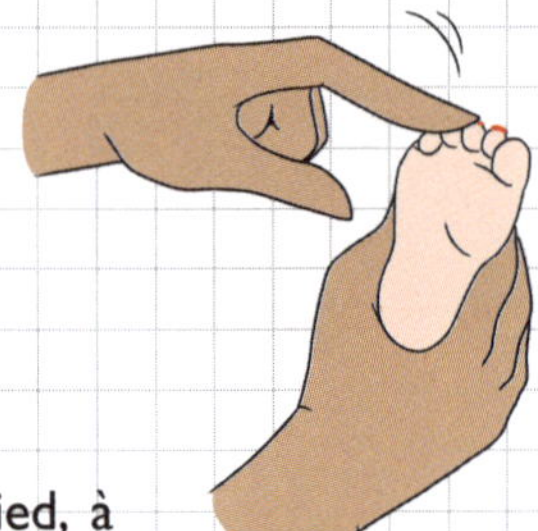

Je le masse où ?

En réflexo, la zone des dents se situe sur la face extérieure du pied, à l'extrémité des orteils, au niveau des cuticules.

Et je m'y prends comment ?

Imprégnez vos mains d'huile de massage spéciale bébé et frottez-les l'une contre l'autre pour bien les réchauffer. Commencez par quelques gestes enveloppants de lissage pour préparer votre petit au massage, puis passez votre doigt sous la bordure d'un de ses ongles (sans trop appuyer), comme si vous vouliez le colorier. Renouvelez le geste sur chaque orteil de chaque pied !

Mon programme pour prévenir et soigner son (vilain) érythème fessier

Vous avez découvert, lors de son dernier change, des petites fesses plus rouges que votre compte en banque en fin de mois ? Pas de panique ! C'est probablement un érythème fessier, bénin, mais à soigner sans tarder avec ces quelques commandements (on n'en a jamais assez !).

1. Ces rougeurs étranges je décrypterai

Ultra-fragile, en contact quasi-permanent avec les selles ou les urines, la peau du siège s'irrite facilement, devient parfois très rouge sur les fesses, le pubis et/ou les cuisses, peut suinter, voire se parer de petits boutons. On parle alors d'érythème fessier. Dû en grande partie au frottement de la couche sur ses fesses et à la macération post-petit ou grand besoin, l'érythème fessier apparaît aussi plus volontiers en cas de troubles digestifs qui favorisent l'acidité des selles. Une poussée dentaire, une diarrhée, un virus ou un vilain rhume (les glaires avalées accélèrent le transit), et le popotin de votre bébé pourrait bien virer au carmin. Autre facteur favorisant les fesses écarlates : tous les produits en contact avec sa peau, qu'il s'agisse de talc, des substances contenues dans les couches ou de certains soins. S'il peut apparaître dès 3 semaines, l'érythème fessier pointe plutôt le bout de son nez entre 6 et 12 mois, période où l'acquisition de la position assise accentue inévitablement les frottements !

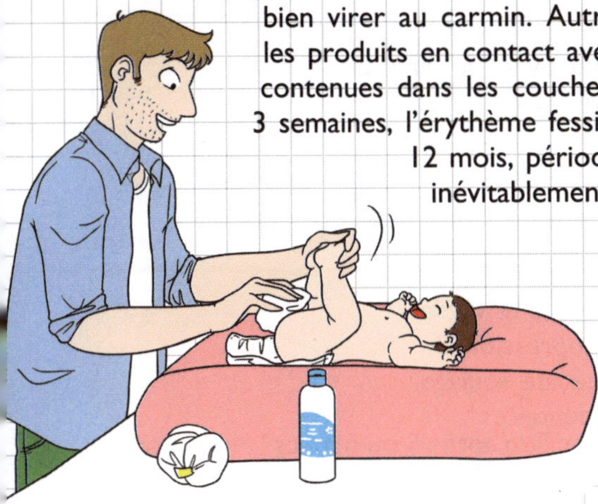

2. Sa couche régulièrement je changerai

Pas besoin d'être une déesse du maternage pour comprendre l'équation « couche nettoyée = fesses préservées » ! Votre premier réflexe : changer votre bébé aussi fréquemment qu'il fait ses besoins (en moyenne 5 ou 6 fois par jour les deux premiers mois).

3. Dévote d'une toilette douce je deviendrai

Pas question d'imposer au fessier de votre enfant des soins qui pourraient être irritants. En cas de petit pipi, nettoyez-le simplement à l'aide d'un coton imbibé d'eau, voire d'eau de rose si vous êtes fan d'hydrolats. Quant aux crèmes de change, elles sont à réserver aux périodes de selles molles pour prévenir l'érythème fessier. Pas question d'en tartiner son arrière-train au quotidien !

4. Sa peau pieusement j'hydraterai

Pour prévenir les irritations, rien ne vaut une bonne hydratation ! En cas de gros besoin, n'hésitez pas à faire appel au liniment oléocalcaire (voir p. 79) et massez régulièrement ses fesses avec de l'huile de sésame, d'olive ou d'argan vierge et bio.

5. Le séchage jamais je ne négligerai

Pour éviter l'humidité, n'oubliez pas de bien le sécher en tapotant ses fesses avec une serviette sèche et propre... Et osez le laisser aussi souvent que possible les fesses à l'air !

6. Au dépannage, les lingettes je réserverai

Même si elles sont généralement hypoallergéniques, les lingettes peuvent contenir des substances irritantes et nocives pour la santé des bébés (voir p. 79). Mieux vaut donc en faire usage exceptionnellement, et toujours choisir des lingettes à l'eau et/ou bio !

7. À l'érythème, nos rituels j'adapterai

Il a les fesses rouges ? Limitez le change à un nettoyage à l'eau. La situation empire (il a des boutons, la peau est à vif) ? Une fois ses fesses propres, tamponnez un antiseptique adapté, puis appliquez une crème protectrice isolante type pâte à l'eau en grosse couche. Renouvelez l'application à chaque change. L'alternative : une crème cicatrisante à base d'oxyde de zinc.

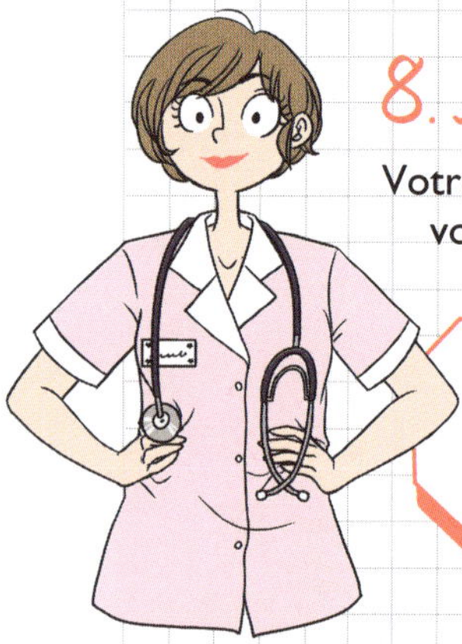

8. Au besoin, son pédiatre je consulterai

Votre bébé a toujours les fesses vermillon après 5 ou 6 jours ? Prenez rendez-vous chez le médecin afin de vérifier qu'il n'y a pas d'infection.

Un peu d'homéo pour ses fesses couleur coquelicot !
Si votre tout-petit a un érythème fessier, votre praticien pourra vous conseiller de lui donner MEDORRHINUM 9 CH et BELLADONNA 9 CH, 3 granules de chaque 3 fois par jour pendant quelques jours. Parlez-en !

Mon programme anti-constipation

Voilà plusieurs jours que, côté couches, votre bébé vous offre des vacances bien méritées... Pas question pour autant de vous croiser les pouces face à son transit paresseux ! Feuille de route de son bootcamp intestinal...

1. Je comprends (enfin) son transit

Un bébé qui ne va pas fréquemment à la selle, cela n'a rien d'exceptionnel, surtout chez les nouveau-nés allaités. En effet, il n'est pas rare que les petits nourris exclusivement au sein connaissent une sorte de «pause intestinale». Alors qu'ils faisaient caca plusieurs fois par jour jusqu'à 4 ou 6 semaines, voilà que plusieurs jours (plus d'une semaine parfois) se passent sans selles alors qu'il continue à bien manger, à uriner, à prendre du poids et même à avoir des gaz. On parle alors de «selles rares du bébé allaité», qui finissent généralement par passer d'elles-mêmes.
En revanche, chez les bébés plus grands ou chez les tout-petits nourris au biberon, on parle bel et bien de constipation quand les selles sont rares (moins d'un caca tous les 4 jours), dures, sèches et difficiles à expulser. D'origine alimentaire ou due à une immaturité de son système digestif, la constipation doit faire l'objet d'une consultation si, au bout d'une semaine, il n'y a toujours pas de crotte à l'horizon.

2. Je fais un check-up de son régime...

Mon bébé est allaité? Je reste zen et je continue sur ma lancée!

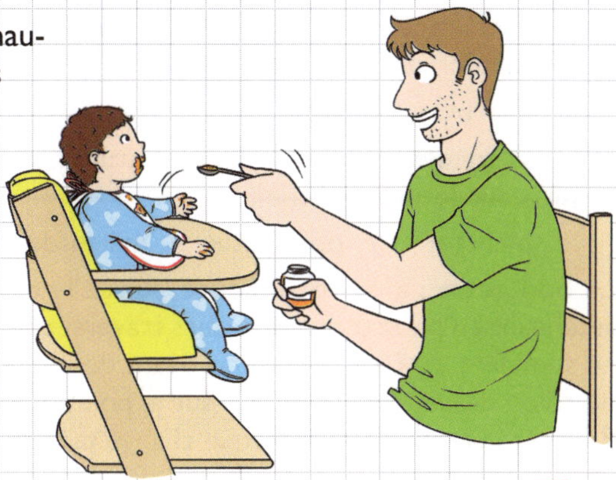

Il est nourri au biberon. Attention aux mauvaises intuitions! Certes, utiliser une eau très minéralisée type Hepar® pour son bib' lui décoincera les boyaux, mais elle sollicitera aussi beaucoup trop ses reins. À éviter donc avant 6 mois, et à ne tenter qu'exceptionnellement sur les conseils de votre pédiatre! Ce dernier pourra en revanche vous conseiller un nouveau lait (moins riche en caséine et plus riche en lactose). Autre mauvaise idée à éviter : diluer son lait!

Il mange déjà comme un grand (ou presque. C'est le moment de tenter les aliments aux vertus laxatives : quelques cuillerées de jus de pruneau (dès 4 mois, mais rarement) ou d'orange (vers 7 mois), toujours pur fruit et non sucré, les légumes verts et les fruits frais conseillés en fonction de son stade de diversification (voir p. 94). Rien de tel pour soulager votre petit bouchon!

Les mauvais réflexes en cas de constipation
Utiliser un thermomètre rectal alors qu'il n'a pas de température, lui proposer des suppositoires de glycérine... c'est non, au risque de favoriser des ulcérations de l'anus, de créer des irritations et de freiner le réflexe normal de défécation.

3. Je lui fais faire de la gym!

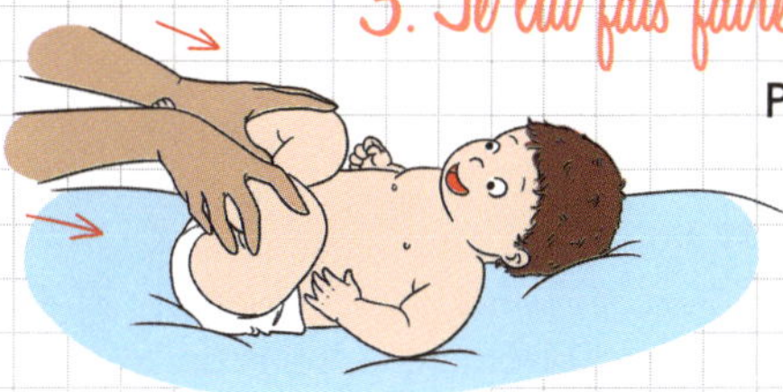

Pour lutter contre son transit paresseux, rien de tel que quelques exercices de remise en forme intestinale! Allongez votre mignon sur le dos, ramenez sa jambe droite repliée sur son petit bidon, puis relâchez. Renouvelez le mouvement 3 fois avant de passer à la jambe gauche, puis aux deux jambes ensemble, au même rythme!

4. Je le masse!

Il est toujours coincé? Plus que jamais, il est temps de le masser, en veillant à adapter votre geste à la forme de votre petit champion.

Il est tout petit, il pleure, il semble gêné : je mise sur la réflexologie !

En réflexo, la stimulation de plusieurs zones du pied peut décoincer votre petit constipé :

- le côlon ascendant, ligne située sur l'extérieur de son pied droit, du talon jusqu'à la mi-hauteur de son peton ;
- le côlon transverse, ligne verticale qui traverse les deux pieds, de part et d'autre, en leur milieu ;
- le côlon descendant, ligne symétrique au côlon ascendant, mais sur le pied gauche ;
- le sphincter anal, point situé au milieu du talon gauche.

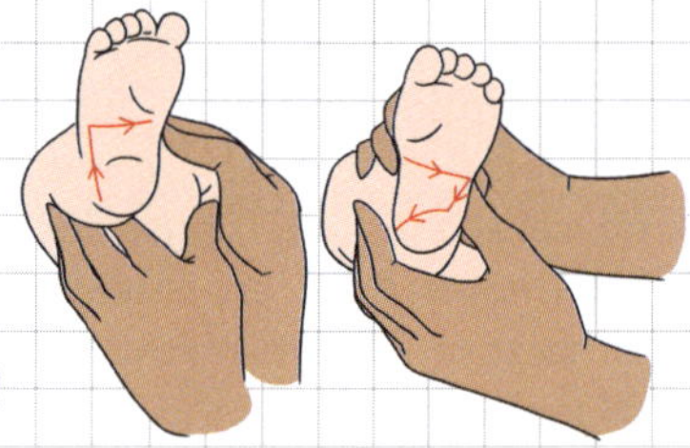

Le bon geste : avec votre pouce, suivez le trajet du côlon ascendant en partant du talon, puis traversez ses deux pieds en stimulant le côlon transverse avant de descendre le long du côlon descendant pour finir sur le point du sphincter anal. Répétez le geste 3 fois à chaque change tant qu'il est constipé !

Il a déjà quelques mois, il est zen : j'opte pour le massage shantala !

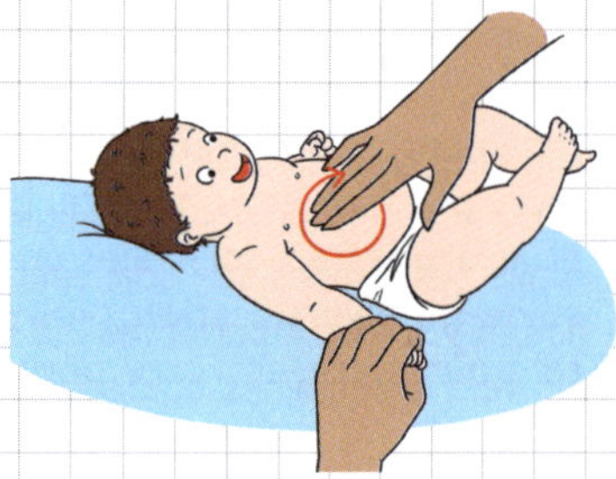

Le massage traditionnel indien, ou shantala, peut aussi faire des petits miracles pour l'aider à en finir avec sa grève intestinale. À tenter après avoir réchauffé un peu d'huile de massage dans vos mains…

- Repliez les genoux de votre bébé sur son ventre et exercez une petite pression pendant 10 secondes puis, dans cette même position, réalisez 5 cercles dans le sens des aiguilles d'une montre.
- Réalisez à l'aide du plat de la main 3 cercles, toujours dans le sens des aiguilles d'une montre, sur son bas-ventre.
- Les deux mains à plat au niveau de son torse, lissez jusqu'au ventre et soulevez votre main sur la tranche en arrivant au niveau du nombril, pour finir ainsi le geste en bas de son bidon. Alternez les deux mains, 5 fois.
- Réalisez enfin une petite pression avec trois doigts au niveau de son nombril avant de dessiner une virgule imaginaire en quart de cercle jusqu'à son bas-ventre (à répéter 5 fois).

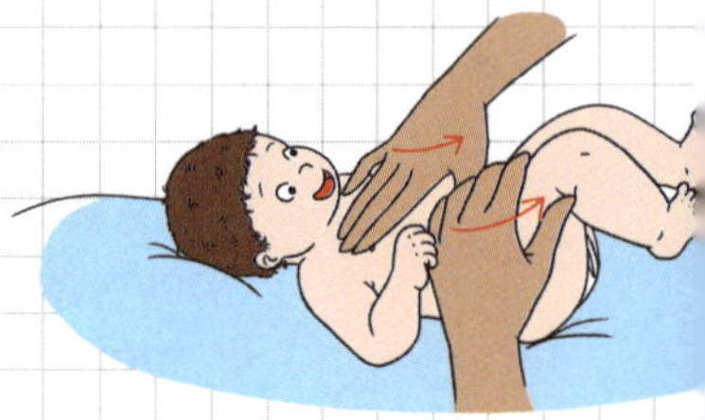

5. Je le dope à l'homéopathie

Il n'est toujours pas soulagé ? Votre praticien pourra vous conseiller…

- Nux vomica s'il doit faire des efforts, crie quand il va à la selle.
- Graphites si ses selles sont volumineuses, gluantes, lui font mal.
- Natrum muriaticum si ses selles sont dures et sèches.

Mon programme pour apaiser ses coliques… et retrouver la forme !

Il est tout mini et n'arrête (vraiment) pas de pleurer ? Votre petit champion a peut-être des coliques. Et si les soirées promettent d'être longues pendant quelques semaines, ces petits maux seront aussi l'occasion, in fine, de vous sentir mieux tous les deux ! La preuve en 5 gestes-clés à adopter, pour lui comme pour vous !

1. Je me cultive (ou au moins j'essaye de comprendre)

Les coliques restent, pour les professionnels de santé, bien mystérieuses. Certes, il en existe une définition « officielle » (des pleurs durant plus de 3 heures par jour, pendant plus de 3 jours par semaine et depuis plus d'une semaine chez un nourrisson en bonne santé), mais le débat reste ouvert sur les causes de ces pleurs excessifs : immaturité du système digestif, gaz, intolérance au lactose ou, simplement, comportement naturel des petits bouts très émotifs. Aussi peu consensuelle que soit la question, quelques signes peuvent vous mettre la puce à l'oreille. Si votre petit de quelques semaines est inconsolable en soirée, s'il serre les poings, s'il raidit puis replie ses jambes sur son ventre, s'il a beaucoup de gaz et le ventre dur, s'il arque parfois son dos, il y a fort à parier qu'il a des coliques. Si c'est le cas, pas de panique : elles atteindront un pic vers 6 semaines et disparaîtront avant ses 3 mois !

2. Je lui offre un environnement zen et sain

Pourquoi ? Votre bébé doit non seulement gérer la transition de votre bidon à la maison, mais aussi tout apprendre de la vie (se nourrir, dormir, interagir…). Autant de sources de stress et de fatigue qu'un environnement adapté à ses besoins peut limiter !

Et moi dans tout ça ? Vous qui aviez l'impression d'être tout le temps stressée, pourquoi ne pas vous inspirer de cette nouvelle hygiène de vie ? Dormir paisiblement, manger plus lentement, vous faire plaisir… Vous avez tout à y gagner !

→ **Alors tentez…**

- **de préparer un environnement propice au sommeil :** température ambiante à 19 °C, lumière tamisée, chambre calme…
- **de repenser ses repas version « zen » :** donnez le sein (le biberon) dans les bonnes quantités (ni trop ni pas assez), loin du chahut, en faisant des pauses régulières et en prenant le temps de lui faire faire son rot…

- **de repérer les gestes du quotidien qui peuvent le/vous détendre :** le bain, une bouillotte spéciale bébé sur son ventre…

3. Je porte mon petit poi(d)s

Pourquoi ? Non seulement le portage donne à votre bébé un sentiment de sécurité, mais, si vous adoptez les bonnes positions, il peut aussi calmer ses petits maux de ventre.

Et moi dans tout ça ? Vous musclez l'air de rien vos bras tout en gardant votre bébé à portée de bisous. Pas mal, non ?

→ **Alors tentez…**

- **Le portage contre l'épaule :** si votre bébé ne se calme pas quand vous le tenez contre vous, tentez simplement de le remonter légèrement pour que son ventre (et non son torse) soit en appui contre votre épaule.
- **Le portage à califourchon :** installez votre tout-petit à plat sur votre avant-bras, la tête en appui dans le creux de votre coude et tournée vers l'extérieur, son petit ventre calé sur votre main. N'hésitez pas aussi à regrouper ses jambes pour lui replier les genoux !

4. Je bouge

Pourquoi ? Le mouvement le berce et certains déplacements (notamment en voiture) peuvent lui rappeler l'environnement sonore auquel il était habitué dans votre ventre. Rassuré, il va (sûrement) se calmer !

Et moi dans tout ça ? Certes, vous auriez plus envie de larver devant Netflix que d'arpenter votre quartier, mais non seulement ces balades contribuent à votre remise en forme postnatale, mais elles vous font aussi sortir de la maison !

→ **Alors tentez…** de rester en mouvements, mais pas n'importe comment ! L'idéal, là encore, le portage (en

Les premières balades avec votre bébé !
Pas question d'aller courir un marathon avec votre bébé si vous venez de rentrer de la maternité. Commencez par 15 minutes dehors les premiers jours et augmentez progressivement la durée de la balade pour atteindre 1 heure au bout 15 jours environ !

écharpe ou en porte-bébé) pour lui offrir un contact physique apaisant et contribuer à sa sécurité affective (voir p. 54) !

5. Je le masse

Pourquoi ? Si les coliques sont liées à l'immaturité de son système intestinal, un massage du ventre peut l'aider à digérer et à se calmer tout en partageant un moment de complicité avec vous…

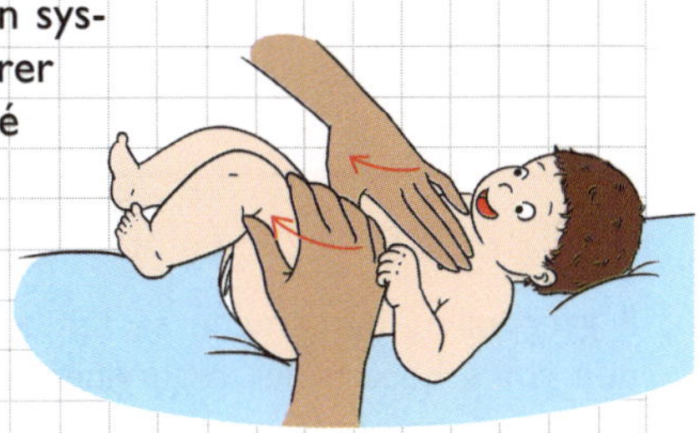

Et moi dans tout ça ? Masser votre bébé, c'est aussi vous offrir une cure d'ocytocine. Cette hormone vous a non seulement déjà permis de rencontrer votre bébé (c'est elle qui induit les premières contractions et l'éjection du lait pour la première tétée), mais elle renforce aussi le lien maman-bébé. De l'amour en IV (intraveineuse) !

→ **Alors tentez…** le massage shantala du ventre (voir p. 52), à décliner sans l'étape des virgules !

6. Je le materne

Pourquoi ? Pour que votre bébé se sente rassuré, pour qu'il tisse les premiers liens d'attachement, si importants, avec ses parents. Rien de tel pour apaiser ses angoisses !

Coliques : et si on tentait les médecines complémentaires ?
Même s'il n'y a pas de traitement contre les coliques, votre pédiatre pourra vous conseiller quelques pistes pour calmer votre bébé en fonction de ses symptômes, comme :
- l'ostéopathie ;
- l'homéopathie (Colocynthis, Dioscorea villosa) ;
- le julep gommeux, une préparation à base d'eau de chaux et de gomme arabique, si les coliques sont liées à une acidité de l'œsophage et de l'estomac ;
- un probiotique ou certaines tisanes ;
- en cas de douleurs, des antalgiques ou des antispasmodiques.

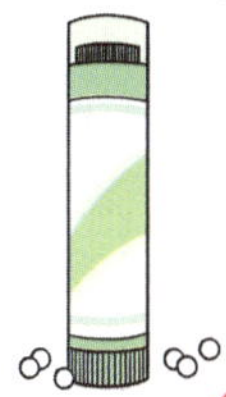

Et moi dans tout ça ? Apprendre à connaître votre tout-petit et prendre confiance en vos nouvelles compétences de maman, cela n'a pas de prix !

→ **Alors tentez…** tout ce qui peut contribuer à la fusion familiale : le peau-à-peau (voir p. 10), le portage en écharpe, les berceuses, les bisous tout doux… vous avez l'embarras du choix !

Mon programme SOS régurgitations

Le contenu de son biberon semble ressortir aussi vite qu'il a été avalé ? Vous vous retrouvez inondée après chaque tétée ? Votre bébé a sûrement un vilain reflux. Petit programme pour traverser les repas en gardant la tête hors du lait !

1. Je fais la part des choses

Il gargouille ? Il recrache sa tambouille ? Il y a fort à parier que votre bébé a des régurgitations, comme la majorité de ses mini-compagnons. Complètement physiologiques, ces dernières sont dues à ce que les médecins appellent un reflux gastro-œsophagien (RGO) non compliqué ou, pour le commun des mortels, la remontée du contenu de l'estomac dans l'œsophage, puis dans la bouche. En cause : non seulement son système anti-reflux (et notamment le cardia, le petit sphincter entre l'estomac et l'œsophage) est encore immature, mais il ingurgite aussi une quantité astronomique de lait par rapport à son poids et à sa taille. En un mot, votre petit ogre déborde. Rassurez-vous, c'est indolore et passager (les régurgitations passent après 2-3 mois).

En revanche, le RGO peut devenir pathologique quand les régurgitations sont très abondantes et acides, ce qui peut créer une inflammation des muqueuses de l'œsophage. Résultat, votre bébé a mal, il pleure (longtemps, inlassablement), il refuse de s'alimenter, il peut même perdre du poids et il est plus susceptible de tomber malade (otites, pharyngites, bronchiolite…). Heureusement, il existe des traitements !

2. Je veille au grain !

Pour limiter la galère des régurgitations, offrez à votre bébé un environnement sain. Surtout, évitez de l'exposer au tabac, donnez-lui le biberon ou le sein dans un cadre serein, quitte à vous séparer du reste de l'équipage familial, et faites des pauses régulières pour l'aider à faire son rot.

3. Je l'arrime !

Après le biberon, gardez votre bébé bien droit le temps du rot, puis installez-le en position semi-verticale pendant quelques minutes en fin de repas (contre un coussin d'allaitement, sur vos genoux). À l'heure du coucher, veillez également à surélever légèrement son matelas pour éviter que son estomac ne chavire.

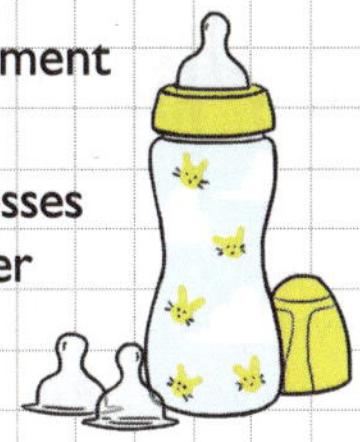

L'astuce en plus : si votre bébé a un RGO maladie ou est sujet à de grosses régurgitations, n'hésitez pas à faire une escale à la salle de bains pour changer sa couche à mi-biberon. L'objectif est d'éviter de l'allonger sur la table à langer après manger.

4. Je mets le grappin sur le bon équipement !

Biberon anti-régurgitations (équipés d'une valve pour empêcher le bébé d'avaler trop d'air), tétines adaptées à son âge, vêtements amples ou élastiqués à la taille pour ne pas le gêner au niveau du ventre… Si votre bébé a tendance à régurgiter, c'est le moment de vous équiper !

5. Je laisse le capitaine mener notre barque !

Pour limiter les débordements, votre pédiatre vous conseillera peut-être de changer de lait ou de revoir la préparation des biberons. Le cap qu'il pourra vous fixer : essayer un lait épaissi ou anti-régurgitations (AR), ou ajouter une farine (riz, tapioca) ou une solution prémixée (Magic Mix®…) à son lait usuel.

S'il pose un diagnostic de RGO maladie, votre praticien pourra vous proposer différentes pistes de traitement visant à protéger la muqueuse de l'œsophage de votre bébé (à base notamment d'alginate ou de smectite, comme Gaviscon® ou Smecta®) ou à limiter l'acidité des régurgitations. À respecter contre vents et marées !

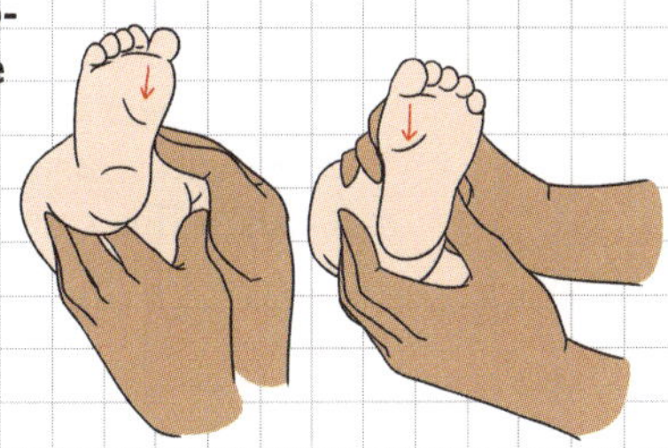

6. Je lui offre une planche de salut

Que le RGO de votre bébé soit traité ou non, un petit massage bien pensé peut le mettre sur la voie de la digestion.

Installez votre bébé dans son cocon, contre un coussin d'allaitement ou sur vos genoux pour éviter les débordements, et offrez-lui une séance de réflexo.

Prenez son pied dans l'une de vos mains et lissez d'un doigt une ligne imaginaire partant de l'espace entre le gros orteil et l'index jusqu'à la base extérieure de la boursouflure du pied. Renouvelez le geste 3 fois sur chaque pied environ 1 heure après chaque repas.

Chapitre 6
Je soigne mon petit malade

Entre le suivi obligatoire de votre bébé et tous les miasmes qu'il va attraper, vous allez finir par faire de votre médecin de famille votre meilleur ami ! Et face à l'avalanche de petites et de grandes infections auxquelles vous devrez faire front, cela n'aura que du bon ! Alors soufflez un grand coup, prenez soin de votre bébé et rassurez-vous : en cas de nez bouché ou de diarrhées, vous êtes accompagnée !

L'agenda de mes rendez-vous médicaux

Vous avez eu l'impression de passer votre grossesse à consulter ? La première année de votre bébé sera tout aussi chargée ! Au programme : des vaccins, des bilans et des examens, qui commencent dès votre séjour à la maternité ! À votre Google Calendar, prête… Notez !

À la maternité !

Quand ?	Mais qu'est-ce qui se passe ?
En salle de naissance	L'équipe mène toute une série d'examens… Elle calcule le score d'Apgar de votre bébé, vérifie que rien n'obstrue sa bouche, son nez ou son anus, le pèse et le mesure, lui nettoie les yeux et lui donne de la vitamine K (pour éviter certaines maladies du nouveau-né) avant de procéder à un examen clinique complet pour vérifier que votre petite merveille n'a ni maladie respiratoire ou cardiaque ni malformations. Elle observe aussi ses réflexes archaïques (voir p. 8), teste sa vision, son audition, son tonus, et établit son carnet de santé.
3 jours après la naissance	Quelques gouttes de sang sont prélevées sur le talon de votre bébé pour réaliser le test de Guthrie. Son objectif : dépister certaines maladies rares, comme la mucoviscidose.
Avant votre sortie	Le pédiatre réalise un examen clinique afin de vérifier que votre petit bout est apte à rentrer à la maison. Le cas échéant, il émet un premier certificat de santé.

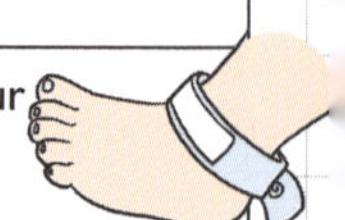

Le score d'Apgar, c'est quoi au juste?
Mis au point dans les années 1950 par le Dr Virginie Apgar, le score éponyme est destiné à évaluer l'état de santé du nouveau-né immédiatement après la naissance. Réalisé à 1, 3, 5 et 10 minutes de vie, il se base sur l'évaluation de la fréquence cardiaque, du tonus musculaire, des mouvements respiratoires, de la coloration du bébé, ainsi que sur sa réactivité à la stimulation. Votre bébé a plus de 8 sur 10? C'est un champion!

Une fois de retour à la maison...

Âge de mon petit chou	On va faire quoi?	La date et l'heure	Je n'oublie pas de...
Entre 6 et 10 jours	Si vous avez bénéficié d'une sortie précoce de la maternité, une visite médicale (PMI, pédiatre ou généraliste) est nécessaire pour compléter les dépistages menés à la maternité.	....../....../......	• Apporter le carnet de santé de mon bébé... à chaque fois! • Questionner mon médecin sur l'intérêt d'une consultation chez l'ostéopathe pour mon bébé. • Prendre rendez-vous pour son bilan du 1er mois, voire pour les suivants.
1 mois	• L'examen du 1er mois (obligatoire) pour le peser, le mesurer, contrôler son tonus, sa vision, son audition et son développement (moteur et sensoriel). • La vaccination BCG (contre la tuberculose) si vous êtes dans une zone à risque.	....../....../......	• Préparer toutes les questions du quotidien que je veux poser au pédiatre. • Mettre à mon bébé des habits faciles à enlever.
2 mois	• L'examen du 2e mois (obligatoire). • 1re injection des vaccins DTCaP (diphtérie, tétanos, coqueluche acellulaire, poliomyélite), Hib (*Haemophilus influenzae* de type b), Hep B (hépatite B) et PnC (pneumocoque).	....../....../......	• Coller le patch anesthésiant prescrit par le docteur 1 heure avant l'injection. • Mettre mon bébé au sein pour la vaccination. Il n'y a rien de tel pour l'apaiser!
3 mois	L'examen du 3e mois (obligatoire).	....../....../......	• Penser à demander l'ordonnance ou l'attestation médicale permettant au personnel de crèche de donner les médicaments usuels à mon tout-petit (paracétamol, homéopathie...).

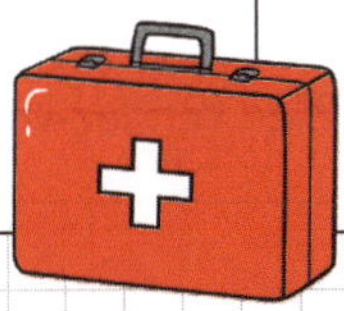

Âge de mon petit chou	On va faire quoi ?	La date et l'heure	Je n'oublie pas de...
4 mois	• L'examen du 4e mois (obligatoire). • 2e injection des vaccins DTCaP, Hib, Hep B et PnC.	....../....../......	• Commencer à réfléchir à la diversification alimentaire et poser toutes mes questions !
5 mois	• L'examen du 5e mois (obligatoire). • Le vaccin contre le méningocoque C (MnC).	....../....../......	• Distraire mon petit chou pendant l'injection. Il a un joujou préféré ? Un doudou ? C'est le moment de lui donner !
6 mois	L'examen du 6e mois (obligatoire).	....../....../......	
9-10 mois	L'examen du 9e mois (obligatoire) pour émettre le second certificat de santé.	....../....../......	
11 mois	Rappel des vaccins DTCaP, Hib, Hep B et PnC.	....../....../......	
12 mois	• L'examen des 12 mois. • Le rappel du vaccin MnC et l'injection du ROR (rougeole, oreillon, rubéole, rappel entre 16 et 18 mois).	....../....../......	

Du nouveau côté vaccination !

Depuis le 1er janvier 2018, huit vaccinations auparavant recommandées sont obligatoires (à l'image des injections contre la diphtérie, le tétanos et la poliomyélite, dit DTP jusque-là). Il s'agit de :

- la coqueluche ;
- les infections invasives à *Haemophilus influenzae* de type B ;
- l'hépatite B ;
- les infections à pneumocoques ;
- les infections invasives à méningocoques de sérogroupe C ;
- la rougeole ;
- les oreillons ;
- la rubéole.

À noter : à compléter avant ses 18 mois, ces vaccins doivent être à jour pour que votre tout-petit soit accepté en collectivité (crèche, nounou…).

Et moi dans tout ça ?

Certes, vous allez courir partout pour votre bébé, mais pas question de vous négliger ! Voici votre to-do list pour les semaines à venir…

- **N(aissance) + 1 mois :** prendre rendez-vous chez l'ostéopathe (si votre accouchement a été long, instrumentalisé…).
- **N + 2 mois :** faire la consultation postnatale avec votre praticien (dernier rendez-vous obligatoire du suivi de grossesse).

- **N + 3 mois :** commencer la rééducation périnéale (avec un kiné ou une sage-femme, au choix).
- **N + 4 mois :** réaliser un bilan postnatal chez le dentiste.
- **N + 6 mois :** faire un point post-accouchement avec l'ophtalmo et le dermato.

10 bons (et moins bons) réflexes pour éviter les infections

Dans les mois à venir, votre bébé risque d'avoir (très, TRÈS) souvent la goutte au nez. Et si ces petites maladies sont « utiles » pour sa santé au cours de ses premières semaines, mieux vaut les lui épargner !

Attention, maladies en vue ! À la naissance, le système immunitaire de votre bébé est encore immature, et ce n'est malheureusement qu'en contractant les infections communes que les mécanismes physiologiques lui permettant de se défendre contre elles vont se développer et être totalement efficaces… vers 5 ou 6 ans ! S'il tombe malade souvent, c'est donc non seulement normal, mais une bonne chose à long terme !

Bon ou mauvais réflexe pour épargner les infections à votre bébé ? À vous de sélectionner le hashtag gagnant !

Mes initiatives	#idéedegénie	#fail
1. Je me lave les mains au savon ou au gel hydroalcoolique plusieurs fois par jour, surtout avant le change et les repas.		
2. Je l'amène à l'école chercher notre aîné, je le fais participer aux goûters, aux kermesses, aux anniversaires… Bref, je le laisse profiter des plus grands (plein de miasmes) !		
3. J'évite de lui faire des bisous sur la figure et les mains.		
4. Je l'allaite aussi longtemps que possible.		
5. J'évite de commencer une garde d'enfant entre septembre et janvier (question d'éviter le pic épidémique).		

6. Je lave régulièrement ses doudous, ses jouets et ses tétines… en plus de ma montagne de linge usuelle ! 		
7. Je lui nettoie le nez régulièrement (voire plusieurs fois par jour), même si c'est l'angoisse !		
8. Je lui fais prendre les transports en commun, je l'emmène au centre commercial la veille de Noël… À lui les bains de foule !		
9. Je change régulièrement son linge de lit et de toilette, ses langes…		
10. J'évite de fumer à la maison (même le soir, même dans une pièce à part).		

Bonnes réponses :
#idéedegénie : 1, 3, 4, 5, 6, 7, 9, 10
#fail : 2, 8

Je, tu, il/elle, nous évitons de tomber malades !
Pour éviter que votre bébé ne soit malade, rien ne vaut un entourage en bonne santé. Faites un point avec votre médecin, il pourra vous conseiller :
- un traitement préventif en oligothérapie (or, argent et cuivre en alternance avec manganèse et cuivre) ou en homéopathie (Thymuline, Influenzinum, Sérum de Yersin…) ;
- de faire vacciner les membres de la famille contre la grippe saisonnière si votre tout-petit à moins de 6 mois durant la période à risque et que vous n'avez pas été vaccinée pendant votre grossesse ;
- de consulter un acupuncteur pour stimuler vos défenses immunitaires.

Quant aux huiles essentielles, même si certaines ont des propriétés antivirales (ravintsara, eucalyptus radié), elles sont à éviter !

Il commence à être malade : mon pas-à-pas avant de consulter

Son nez commence à couler ? Il a le front bien chaud ? Votre bébé couve sûrement (encore) un de ces virus dont vous vous seriez bien passée. Votre mot d'ordre : rester zen et adopter quelques réflexes le temps d'obtenir un rendez-vous chez le pédiatre !

1. Je prends sa température en douceur !

Le matériel qu'il me faut : si vous soupçonnez que votre bébé a de la fièvre, commencez par mesurer sa température avec un thermomètre frontal. Comme cet appareil mesure sa température externe, il faudra ajouter 0,5 °C pour avoir sa température interne (température réelle).

L'alternative : un thermomètre tympanique (ou auriculaire), qui a le mérite de donner la température interne, mais est déconseillé en cas d'otite. Plus fiable, le thermomètre électronique à bout souple permet de prendre la température rectale (et donc interne).

Le bon geste : allumez le thermomètre rectal, appliquez un peu de crème de change sur l'extrémité et ne l'enfoncez pas plus que le niveau de l'embout. Rien de tel pour rendre le geste moins invasif!

LA MAISON des MATERNELLES

Que mettre dans la trousse à pharmacie de mon bébé? Les conseils de la Maison des Maternelles

Pour parer aux urgences et aux petits bobos, veillez toujours à avoir chez vous :

- du soluté de réhydratation (en cas de diarrhées) ;
- un thermomètre ;
- du paracétamol (en suppositoires, en sachets ou en sirop) ;
- du sérum physiologique, voire un mouche-bébé ;
- une crème enrichie en oxyde de zinc en cas d'érythème fessier (voir p. 48-50) ;
- un gel d'arnica contre les bosses ;
- un spray antiseptique, une boîte de pansements, des compresses stériles en cas de coupure.

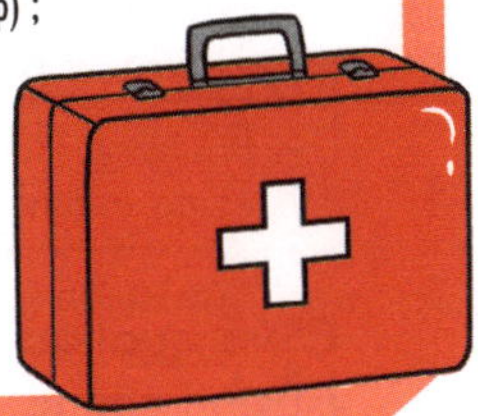

2. Je le mouche bien comme il faut!

Le matériel qu'il me faut : du sérum physiologique, voire, s'il est très encombré, le mouche-bébé (manuel, mécanique ou électronique).

À noter : ce dernier peut irriter les petits vaisseaux de son nez. Si vous y avez recours, allez-y toujours en douceur!

Les bons gestes : au quotidien ou si son petit nez ne coule que très légèrement, imbibez du coton de sérum physiologique. Enroulez-le en forme de mèche avant de l'introduire dans sa narine et de le tourner légèrement pour retirer le mucus.

Si son nez est bien pris, optez plutôt pour un drainage hydropharyngé. Allongez votre bébé sur le dos et maintenez sa tête en douceur sur le côté. Placez l'embout de la dosette de sérum physiologique dans l'une de ses narines avant d'appuyer. Le liquide s'écoule alors par l'autre narine, nettoyant au passage les voies nasales.

3. J'évite d'en faire trop!

C'est tout à votre honneur de vouloir bichonner votre bébé mal luné mais, s'il est malade ou fiévreux, pas question de faire dans la surenchère! Oubliez ainsi :

- ✔ le bain tiède ;
- ✔ le massage, qui peut le fatiguer encore plus (sauf les gestes ultra-ciblés, voir p. 48) ;
- ✔ les habits ou la couverture en pilou-pilou (inutile qu'il ait trop chaud) ;
- ✔ l'automédication : avec un bébé, c'est toujours non!

Tant qu'il a moins de 3 mois, je consulte (en urgence) dès qu'il a...

- la diarrhée, car il risque de se déshydrater très rapidement ;
- de la fièvre supérieure à 38 °C ;
- une gêne pour respirer ;
- un comportement inhabituel.

Mon abécédaire des maladies infantiles

Il est enroué comme vous un lendemain de soirée ? Il a des boutons qui n'annoncent rien de bon ? Il fait des cacas qui vaudraient bien un #chutesduNiagara ? Votre bébé couve sûrement une infection qu'il faudra surveiller avec attention, d'où l'intérêt de connaître un peu mieux votre prochain adversaire…

A comme angine

C'est quoi au juste ? Due à un virus (adénovirus, Epstein-Barr…) ou d'origine bactérienne (streptocoque A, ou SGA), l'angine se traduit par une forte inflammation des amygdales. Résultat, votre bébé a le fond de la gorge en feu.

Je la reconnais à quoi ? S'il est enroué (signe d'un mal de gorge), qu'il semble avoir des difficultés à déglutir, qu'il frissonne et a une forte fièvre (39-40 °C), c'est peut-être une angine ! Votre pédiatre vérifiera alors sa gorge pour identifier des rougeurs ou des points blancs (signe d'angine blanche).

Et les traitements ? Tout dépend de l'origine de l'angine. Après un test hyper-rapide dans son cabinet, votre praticien pourra vous conseiller des antalgiques pour calmer la douleur, voire des antipyrétiques (contre la fièvre) si l'angine est virale. Si une bactérie en est la cause, il aura, en plus, une cure d'antibios !

B comme bronchiolite

C'est quoi au juste ? Une maladie respiratoire très contagieuse, surtout chez les bébés de moins de 6 mois, due au virus respiratoire syncytial (VRS, pour les pros).

Je la reconnais à quoi ? Tout commence par un rhume qui s'aggrave, puis, si votre bébé semble avoir des difficultés à respirer et à manger, s'il a une toux sèche qui devient de plus en plus grasse, une respiration sifflante, une fièvre modérée et s'il semble très, très fatigué, c'est peut-être une bronchiolite.

Et les traitements ? Selon la forme que votre bébé a attrapée, votre pédiatre pourra prescrire des antipyrétiques et des lavages de nez fréquents. Les séances de kinésithérapie respiratoire, auparavant très souvent prescrites pour évacuer les sécrétions, sont aujourd'hui plutôt réservées aux bébés présentant une forme sévère de la maladie.

Je soupçonne une bronchiolite : je consulte très vite !
La bronchiolite peut être à l'origine de complications respiratoires chez les tout-petits ! Si votre bébé a moins de 3 mois, s'il respire mal, s'il ne veut plus manger, s'il vomit systématiquement ses biberons, s'il ne dort plus et s'il a des diarrhées, filez aux urgences !

C comme conjonctivite

C'est quoi au juste ? Une infection virale (adénovirus), bactérienne (*Haemophilus influenzae*) ou allergique qui provoque une inflammation de la conjonctive, une membrane de l'œil.

Je la reconnais à quoi ? Si votre bébé se frotte beaucoup les yeux, s'ils deviennent rouges, pleurent et sécrètent une substance purulente pas vraiment ragoûtante, s'il se réveille avec les cils collés… peu de doute, c'est sûrement une conjonctivite. Quant à la fièvre et aux maux de gorge, ils peuvent être au rendez-vous si la conjonctivite est virale.

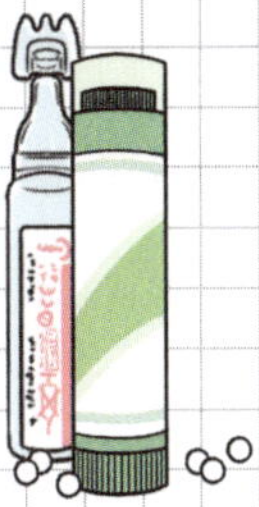

Et les traitements ? En fonction de l'origine de la maladie, le pédiatre pourra prescrire un collyre pour désinfecter et décongestionner ses yeux, voire une pommade ou des gouttes antibiotiques en cas d'infection bactérienne. Un traitement homéopathique est également possible (EUPHRASIA OFFICINALIS, PULSATILLA…).

Attention : la conjonctivite est hypercontagieuse ! Lavez-vous bien les mains avant et après un soin, nettoyez le linge de maison et les jouets avec application…

G comme gastro-entérite

C'est quoi au juste ? Généralement due à un virus (rotavirus), la gastro cause une inflammation de l'estomac ou de l'intestin. Elle est à surveiller de très près chez le tout-petit, car elle peut être à l'origine d'une déshydratation qui justifie parfois une hospitalisation !

Je la reconnais à quoi ? On pense évidemment aux diarrhées… mais pas seulement ! Votre bébé peut aussi avoir des vomissements, une fièvre modérée et être complètement raplapla.

Et les traitements ? Premier geste essentiel : lui donner un soluté de réhydratation orale (de petites doses toutes les 15 minutes) pour éviter la déshydratation. Votre pédiatre pourra aussi vous conseiller du paracétamol, voire, en cas de diarrhées aiguës ou si votre bébé a moins de 4 mois, un lait infantile adapté.

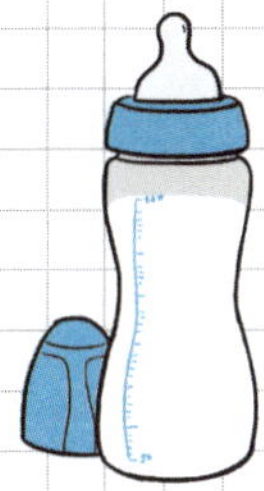

Attention : la gastro-entérite se transmet surtout par contact avec des selles infectées. Veillez donc à bien vous laver les mains après être passée aux toilettes, avant et après chaque change et la préparation des repas !

Comment savoir s'il a la diarrhée ?
Le jour où vous y serez confrontée, vous n'aurez pas de doute ! En effet, les selles « normales » chez le tout-petit sont plutôt :
- jaunâtres et assez liquides chez le bébé allaité ;
- brun clair et plus épaisses s'il est nourri au biberon.

Les diarrhées, elles, sont TRÈS liquides (on dirait de l'eau), souvent striées de glaires, franchement malodorantes, et elles s'accompagnent parfois d'une perte de poids !

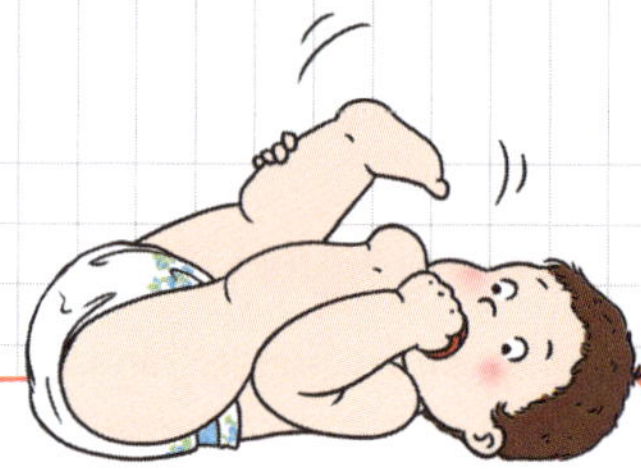

Il est (encore) malade : crèche ou pas?

Tout dépend évidemment de son état et de sa maladie!

- Il existe une liste de pathologies dites à éviction pour lesquelles vous n'avez simplement pas le choix. Votre bébé a une angine à streptocoques, la scarlatine, la coqueluche, l'hépatite A, un impétigo, les oreillons, la rougeole, la tuberculose ou une gastro-entérite à *Escherichia coli* ou à *Shigella sonnei*? Il n'a pas le droit d'aller à la crèche!
- D'autres maladies n'empêchent pas son accueil en collectivité, mais celui-ci reste déconseillé pour préserver les autres bébés! Il a une gastro virulente, une conjonctivite purulente, une varicelle envahissante? Gardez-le à vos côtés.
- Certaines infections peuvent simplement être éprouvantes et justifier que votre marmot reste au repos. Il est complètement KO avec une forte fièvre (plus de 39 °C)? Il a une angine, une laryngite, une otite (parfois très douloureuses)? Restez bien au chaud!

P comme pieds-mains-bouche

C'est quoi au juste? Due à un virus (entérovirus), la maladie pieds-mains-bouche touche surtout les petits de 6 mois à 4 ans, souvent en été (contrairement aux autres maladies infantiles).

Je la reconnais à quoi? Votre bébé a une grosse fièvre (39-40 °C), des difficultés à manger, des vomissements, le nez qui coule et surtout des petits boutons rouges au centre blanc (comme des petits boutons de varicelle) dans la bouche, sur les mains et sur les pieds.

Et les traitements? À part lui donner de quoi apaiser la douleur, faire baisser la fièvre et le faire boire régulièrement, il vous faudra malheureusement prendre votre mal en patience!

O comme otite (moyenne aiguë)

C'est quoi au juste? Une infection virale (rhinovirus, virus respiratoire syncytial...) ou bactérienne (pneumocoque, *Haemophilus influenzae* B) qui commence généralement par un rhume et finit par causer une inflammation du conduit auditif. Résultat : votre bébé a des douleurs à l'oreille, et parfois une baisse temporaire de l'audition.

Je la reconnais à quoi? Ce n'est pas parce que votre bébé ne porte pas sa main à son oreille qu'il n'a pas d'otite! Malheureusement, l'infection peut aussi causer une perte d'appétit, de la fièvre, des troubles du sommeil, des vomissements, des pleurs inexpliqués...

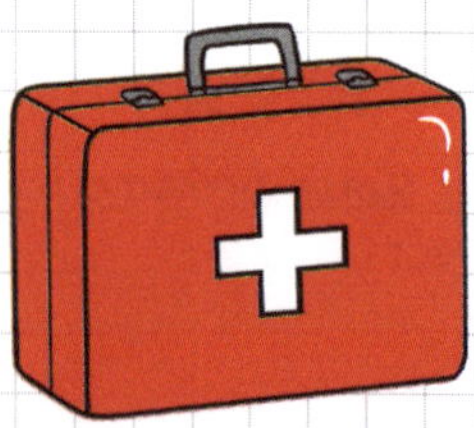

Et les traitements? Du paracétamol ou de l'ibuprofène, et, seulement si l'otite devient purulente, des antibiotiques!

Attention : si elle est mal soignée, l'otite peut avoir des répercussions sur l'ouïe de votre bébé! Pas question de la négliger!

R comme rhino-pharyngite…

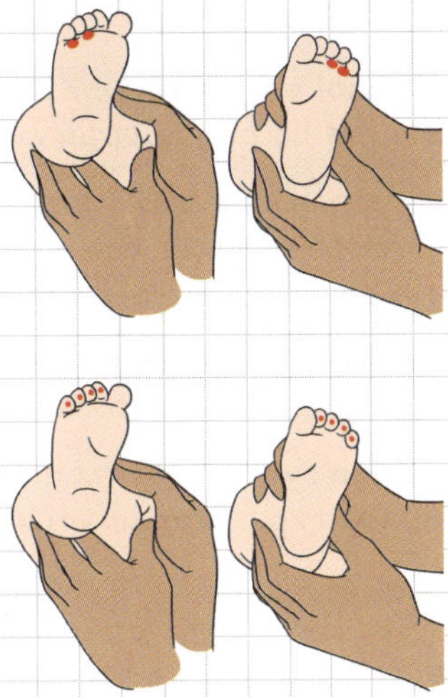

C'est quoi au juste? Vous la connaissez déjà par cœur! La rhino est une infection virale (rhinovirus…) du nez et de la gorge!

Je la reconnais à quoi? Le nez de votre bébé coule ou est au contraire aussi bouché que le périph, il a du mal à respirer, il a mal à la gorge (il est enroué), il tousse, il a de la fièvre…

Et les traitements? Du paracétamol, mais l'essentiel est d'attendre que le virus passe!

Le petit truc en plus : pendant la rhino, aidez-le surtout à faire dodo! Surélevez légèrement son matelas, humidifiez l'air de la chambre en posant un bol d'eau sur le radiateur et, surtout, nettoyez-lui le nez 2 ou 3 fois par jour.

Otite, rhino : c'est (aussi) un massage qu'il lui faut!

Il a un bobo ORL? Vite, de la réflexo!

- **Pour apaiser les otites,** massez doucement avec le pouce les points situés à la base des 3e et 4e orteils (zone de la trompe d'Eustache) et des 4e et 5e orteils (zone de l'oreille) de chaque pied, 2 ou 3 fois.
- **Pour le soulager en cas de nez encombré,** placez votre pouce et votre index de part et d'autre de chacun de ses orteils (zone des sinus) et lissez-les de la base vers le haut, sur la face et sur les côtés, puis appuyez légèrement sur la pulpe de chaque doigt de pied. Renouvelez le geste 3 fois sur chaque orteil (sauf les pouces) et sur chaque pied.

… ou comme rougeole

C'est quoi au juste? Extrêmement contagieuse, la rougeole est due au paramyxovirus… et elle reste d'actualité malgré la vaccination! Attention!

Je la reconnais à quoi? La rougeole commence généralement par un gros rhume, mais s'accompagne d'une très grosse fièvre (entre 39 et 41 °C), voire d'une conjonctivite. Avant la fameuse éruption de boutons, puis de plaques rouges (qui apparaissent d'abord sur le visage), votre bébé développe des petits points blancs à l'intérieur de la bouche et sur la face interne des joues.

Et les traitements? Comme pour tous les virus, pas d'antibiotiques! Votre pédiatre vous prescrira seulement de quoi faire baisser la fièvre et apaiser les douleurs.

V comme varicelle

C'est quoi au juste? Une infection très contagieuse due à un virus de la famille des herpès, le virus varicelle-zona (VZV).

Je la reconnais à quoi? Votre bébé semble fatigué, a de la température et développe surtout des petits boutons rouges qui se remplissent progressivement de liquide et le démangent terriblement!

Et les traitements? Le paracétamol contre la fièvre, un antiseptique local pour éviter que les boutons ne s'infectent… et pas grand-chose de plus!

Attention : votre petit chou peut incuber la varicelle jusqu'à 3 semaines après son exposition au virus!

Au secours, il ne veut pas prendre son médicament!

Jusqu'ici, tout allait bien… et puis le pédiatre lui a prescrit un antibio pas rigolo, un médicament dégoûtant, un spray nasal infernal! Résultat : la débâcle! Heureusement, il y a des bons plans, comme en attestent ces jeunes mamans!

Je m'équipe avec attention!

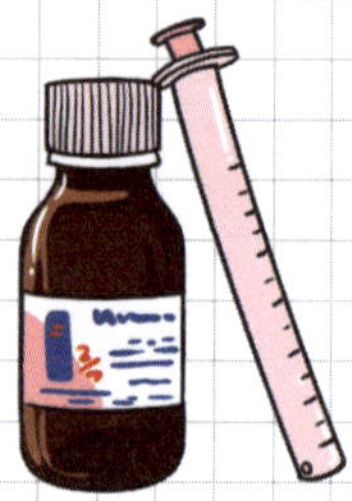

« Les premières fois que j'ai eu à donner des antibiotiques à Louise dans une cuillère doseuse, cela a été un échec cuisant. Comme elle la repoussait systématiquement, une amie m'a conseillé d'investir dans une sucette à piston. Il suffisait d'y introduire la dose prescrite de médicament, de régler le débit, et elle tétait comme si de rien n'était. » (Camille, 35 ans)

« Sur les conseils de ma sage-femme, je prélevais les médicaments liquides dans leur cuillère doseuse avec une seringue, puis je lui mettais dans la bouche avant de lui transférer tout doucement le contenu! Un véritable soulagement! » (Aurélie, 29 ans)

Je fais diversion!

« Face au refus de ma fille de prendre ses médocs en pipette, j'ai fini par adopter le truc de ma mère : je lui faisais croire que j'étais une maman oiseau venue donner son médicament avec son bec. C'est efficace les premières fois, mais il faut savoir faire preuve d'imagination pour renouveler le concept. » (Amandine, 27 ans)

« Dès ses 4 ou 5 mois, ma fille a tout à fait su me montrer que, pour elle, le suppo c'était *no way* ! Pour éviter qu'elle ne gigote trop, j'ai fini par l'occuper en lui donnant quelque chose avec lequel elle puisse jouer ou en appelant son papa pour qu'il lui improvise une petite chanson… tout en la prévenant tout de même que j'allais lui donner son médicament. » (Morgane, 34 ans)

Je noie le poisson !

« Comme ma fille refusait tous les médicaments sous toutes leurs formes, j'ai pris l'habitude de demander à son pédiatre s'il était possible de les diluer. Dans un yaourt ou une compote, dans du lait, une tisane ou, en dernier recours, dans un jus de fruits, j'ai finalement réussi à lui donner la plupart de ses traitements ! » (Quitterie, 38 ans)

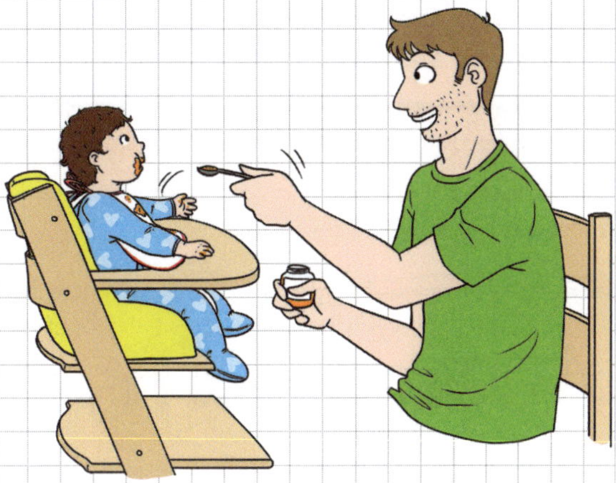

Chapitre 7

J'offre à mon bébé un environnement sécurisé

Entre les lingettes toxiques, les accidents domestiques et notre alimentation quasi maléfique, vous êtes à deux doigts de la panique ! Restez zen ! Certes, protéger votre bébé de toutes les agressions potentielles de son environnement vous semble aujourd'hui un travail de Titan, mais, avec un peu d'organisation et d'huile de coude, vous y parviendrez tranquillement !

Baby proofing : mes to-do lists pièce par pièce

Votre maison comporte certains dangers auxquels votre bébé risque d'être exposé plus rapidement que vous ne le croyez, d'où l'intérêt de la sécuriser pour le protéger. Petite stratégie à mettre en place au plus tôt !

1. Je fais un tour de ronde

C'est quoi le danger ? Électrocution due à des prises mal sécurisées, intoxication due à une plante toxique, choc contre un angle de meuble non protégé, doigts coincés dans une porte… Certains risques d'accidents domestiques sont présents un peu partout.
Votre première mission : commencer par faire le tour de la maison !

Je m'arme et j'installe…

- ✔ des cache-prises (ou prises à éclipse) pour toutes les prises à sa hauteur ;
- ✔ des protège-coins à coller sur tous les meubles bas ;
- ✔ des bloque-portes ;
- ✔ un support mural ou un système antibasculement pour la télé.

J'évite…

- ✗ tous les vide-poches et les petits objets à sa portée, qu'il pourrait ingérer ;
- ✗ les rallonges branchées et les multiprises qu'on laisse traîner ;
- ✗ les lampes ou les appareils électriques ayant des fils dénudés ;
- ✗ les cordons amovibles de jeux ou de chargeurs qui restent branchés ;
- ✗ les plantes d'intérieur posées au sol. Attention au laurier, au lierre, au lys, au figuier ou au philodendron, connus pour leur toxicité.

J'organise un plan de bataille pour faire…

- vérifier le système électrique de la maison ;
- installer un coupe-courant si ce n'est pas déjà fait (disjoncteur différentiel à haute sensibilité, pour les pros).

2. Je rends sa chambre opérationnelle

C'est quoi le danger ? Le basculement d'un meuble mal sécurisé, une chute par la fenêtre et, surtout, au cours de ses premiers mois de vie, des risques accrus de mort subite du nourrisson si les règles de couchage ne sont pas respectées (voir p. 39)… Mais pas de panique, vous gérez !

Je m'arme et j'installe…

- ✔ un lit à barreaux et un matelas adapté, conformes aux normes de sécurité ;
- ✔ des cache-prises, des protège-coins, un bloque-porte… comme dans le reste de la maison.

J'évite…

- ✗ le tour de lit, les oreillers, la couette. Jusqu'à ses 2 ans, une turbulette suffit !
- ✗ les peluches, les doudous dans le lit ;
- ✗ les meubles et les objets situés sous sa fenêtre, sur lesquels il pourrait grimper.

Et je veille à…

- respecter les consignes de sécurité au moment du coucher ;
- sécuriser ses meubles avec un système antibasculement et une fixation adaptée aux murs.

3. Je fouille la cuisine du sol au plafond

C'est quoi le danger? La brûlure au contact du four ou d'une casserole sur le feu, la fausse route suite à l'absorption de petits aliments, la coupure s'il arrive à ouvrir le tiroir à couverts… Attention!

Je m'arme et j'installe…

✔ des bloque-placards, des bloque-tiroirs et un bloque-porte pour le frigo ;

✔ un four à porte isotherme (qui ne chauffe pas) ou mural si je change d'équipement ;

✔ une grille pour la porte du vieux four et une barrière de protection pour empêcher l'accès aux plaques ;

✔ des pinces à nappe… pour qu'il ne puisse pas la tirer vers lui!

✔ une poubelle avec un couvercle ;

✔ une barrière de protection pour lui bloquer l'accès à la cuisine si nécessaire.

J'élimine…

✘ tous les objets dangereux ou cassants (couverts et assiettes, verres, bocaux, bouteilles d'alcool, robots ménagers), en les plaçant en hauteur, dans des placards sécurisés ;

✘ tous les sacs plastique à sa portée.

Attention à sa chaise haute!
Perché sur sa chaise haute, votre moineau n'est pas à l'abri d'une chute! Veillez à bien la caler contre un mur, à toujours attacher votre bébé dans son harnais, à régler les bretelles et, évidemment, à ne jamais le laisser sans surveillance!

Et je jette un œil sur…

- sa position. La règle : pas de bébé dans les environs quand vous lancez une cuisson!
- le manche des casseroles : toujours tourné vers l'intérieur de la cuisinière ;
- la température de son biberon : du lait trop chaud peut aussi le brûler!

4. Je transforme la buanderie en bunker!

C'est quoi le danger? L'ingestion de produits ménagers très toxiques, une brûlure, un choc avec le fer à repasser… et tant d'autres!

Ma stratégie

✔ Placer tous les produits d'entretien dans un placard ou une pièce qui ferme à clé!

✔ Les ranger en hauteur, tout comme les sacs plastique, et réserver les étagères inférieures aux objets ne présentant pas de risques (torchons, boîtes en plastique…).

✔ Ranger le fer à repasser dès qu'il est froid, en veillant à bien enrouler son cordon.

✔ Acheter uniquement des produits d'entretien ayant un bouchon de sécurité.

✔ Ne jamais transvaser un produit ménager dans un conteneur autre que le sien.

✔ Préférer la lessive en bouteille plutôt qu'en dosettes.

5. Je l'empêche de crapahuter dans l'escalier !

C'est quoi le danger ? La chute, évidemment !

Je m'arme et j'installe : des barrières de sécurité !

J'élimine : les jouets et autres objets qui s'amoncellent sur les marches et qui sont dangereux pour toute la famille !

Sans oublier de...

- Lui apprendre à monter et à descendre l'escalier en se tenant à la rampe dès qu'il commence à bien marcher.
- Toujours l'accompagner, même quand il gagne en dextérité !

6. Je neutralise les risques dans la salle de bains

C'est quoi le danger ? La table à langer ou le carrelage glissant, les médicaments, l'eau (trop chaude) du bain... Ici, les risques de chute s'associent aux dangers de la noyade, des brûlures et de l'intoxication. Soyez aux aguets !

Je m'arme et j'installe...

✔ des mitigeurs pour réguler la température de l'eau ;
✔ des étagères en hauteur pour y placer tous les produits potentiellement dangereux (shampooings, savons, cosmétiques, ciseaux à ongles, rasoirs...) ;
✔ une armoire à pharmacie qui ferme à clé ;
✔ un tapis antidérapant dans la baignoire ;
✔ des bloque-placards et autres systèmes de verrouillage pour tous les rangements ;
✔ un thermomètre de bain ;
✔ une table à langer sécurisée (à rebords rigides surélevés) et/ou bien large ;
✔ En option : un protège-robinet pour la baignoire (pour éviter chocs et brûlures).

J'élimine...

✘ tous les produits ménagers (et les éponges associées) ;
✘ les produits de soin qu'il pourrait avoir envie de goûter (sels de bain, savons colorés...).

Sans oublier de toujours...

- garder une main sur mon bébé quand il est sur la table à langer ou dans la baignoire ;

Pour sa sécurité…

- Repérez sur tous les objets de puériculture la mention « conforme aux exigences de sécurité », la NF Petite Enfance.
- Repérez sur les jouets le marquage CE (conformité européenne) ou NF (norme française).

Et, évidemment, évitez toujours de lui donner un joujou sur lequel figure la mention « Ne convient pas aux enfants de moins de 36 mois » ou le symbole 0-3.

- le laver dans une baignoire adaptée à sa taille et à son stade de développement. La grande baignoire, oui, mais quand il sait se tenir assis ;
- avoir tous les produits nécessaires à la toilette et au change sous la main ;
- faire couler l'eau froide avant l'eau chaude et de vérifier la température du bain (37 °C) ;
- utiliser les appareils électriques (tondeuse, sèche-cheveux, radio) loin d'une source d'eau et ne jamais les laisser branchés.

Mon programme pour préserver mon bébé des substances toxiques

À chaque nouvelle étude sur les pesticides ou les perturbateurs endocriniens, vous avez envie de vous exiler ? Pas de panique ! Si les substances toxiques sont partout, un passage en revue de vos gestes quotidiens peut vous assurer un environnement plus sain !

1. J'investis dans des meubles (ou de la puériculture) sains

Ce qui pose problème

- Colles, vernis et peintures des meubles neufs peuvent contenir, notamment, des composés organiques volatils (COV)… qu'ils émettent encore 6 mois après l'achat !
- Les coussins et les fauteuils sont souvent traités avec des retardateurs de flamme ou des produits ignifugés… entre autres !

Mes solutions

- Privilégier, pour la chambre de mon bébé, les meubles en bois massif non vernis et non traités.
- Si le berceau ou la petite table parfaite sont en contreplaqué ou en agglo, les acheter d'occasion… à condition qu'ils soient aux normes de sécurité.
- Sortir le meuble de son emballage et le laisser dégazer, idéalement plusieurs semaines avant de l'installer.

- Dans les autres pièces, penser aux meubles en métal et en verre, matériaux qui n'émettent pas de COV.
- Éviter de laisser mon bébé triturer les textiles de maison !
- Aérer au moins 10 minutes par jour.

Environnement, sécurité : les labels et les mentions à repérer…
- Sur tous vos achats : l'Eco-label Européen, le label Ecocert, la NF Environnement.
- Sur le mobilier : NF Environnement Ameublement, les labels FSC, Ange bleu.
- Sur le matelas et le linge de lit : les labels Oko-Tex Standard 100, QUL de l'Alliance qualité pour des matelas en latex respectueux de l'environnement, Naturtextil.
- Sur les jouets : les labels Spiel Gut, Oko-Tex standard 100 et 1000, Nordic Swan, GOTS, GS+.
- Sur les vêtements : l'Ecolabel européen, GOTS, Naturtextil.
- Sur l'alimentation, l'étiquette « AB » (agriculture biologique), Nature et Progrès ou EcoCert.

2. J'évite les joujoux chelous

Ce qui pose problème : même si des progrès ont été accomplis côté réglementation, certains jouets exposent toujours les tout-petits aux phtalates, aux retardateurs de flamme, voire aux métaux lourds !

Mes solutions
- Le gâter avec des jouets en bois (massif, brut et non traité, ou traité avec un vernis bio) plutôt qu'en plastique.
- Si le jouet ultime est en plastique, repérer les mentions « sans PVC » et « sans phtalates ».
- Préférer les peluches, les poupées, les doudous sans parfum et/ou en coton bio, et les laver 2 fois avant de les lui donner.
- Éviter tous les jouets ayant des parties en métal comportant des inscriptions (qui peuvent comporter des métaux lourds).

3. J'organise une toilette ultra-nette

Ce qui pose problème : d'un côté, l'épiderme de votre bébé est ultra-absorbant ; de l'autre, ses produits de soin sont souvent loin d'être sains, comme en atteste toute une ribambelle d'enquêtes. Phénoxyéthanol, parabènes, sodium laureth sulfate… la liste des substances toxiques est très longue.

Mes solutions
- Utiliser pour le bain et les soins des produits à base d'huile végétale, en petite quantité (surtout côté shampooing).
- Privilégier les soins dont la liste des composants est ultra-courte.

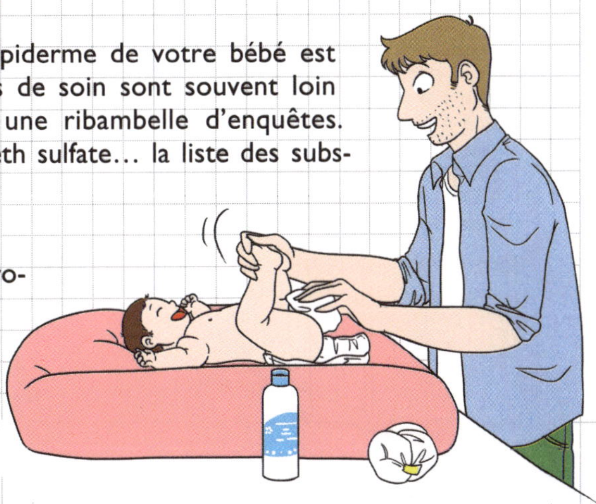

- Bien nettoyer et sécher ses petits plis !
- Laver sa tignasse une fois par semaine seulement.
- Réaliser le change à l'eau ou avec un coton bio imprégné de liniment oléocalcaire (voir p. 79),
- Éviter d'utiliser des lingettes et, en cas de besoin, miser sur les lingettes écolabellisées ou à l'eau.
- Réserver les eaux de toilette à sa majorité !

Et les couches dans tout ça ?
Lavables ou jetables ? Telle est (l'éternelle) question ! Si les couches lavables ont le mérite de ne pas exposer les petits à certaines substances toxiques présentes dans les couches jetables, composées en partie de plastique, elles sont aussi moins pratiques. Une bonne piste intermédiaire : les couches jetables écologiques, surtout si elles sont labellisées Nordic Swan ou FSC, qui ne sont pas blanchies au chlore et sont exemptes de métaux lourds, de COV, de pesticides et de résidus chimiques.

4. Je lui prépare un dressing qui n'a pas la guigne

Ce qui pose problème : certaines substances toxiques sont utilisées dans la fabrication des vêtements, comme le formaldéhyde, les composés perfluorés, les retardateurs de flamme…

Mes solutions

- Toujours privilégier les habits en coton bio labellisés, tout particulièrement pour les bodys et les sous-vêtements.
- Laver ses vêtements deux fois à l'aide d'une lessive écologique (voir p. 80) avant de les lui enfiler.
- Éviter tous les habits ayant des éléments plastifiés (bavoirs, pyjamas), qui peuvent contenir des phtalates.

Wifi, babyphone : je fais quoi ?
Les tout-petits sont particulièrement sensibles aux ondes électromagnétiques, auxquelles ils sont exposés via le wifi, les téléphones, le four à micro-ondes et même les babyphones. Le hic : on soupçonne ces ondes d'être à l'origine de différents troubles, comme les insomnies, les palpitations et même certaines tumeurs cérébrales et leucémies. Quelques mesures de précaution s'imposent donc…

- N'utilisez jamais votre portable à proximité de votre bébé.
- Coupez votre connexion wifi quand vous n'en avez plus l'usage (la nuit notamment).
- Évitez de chauffer les biberons au micro-ondes.
- Privilégiez un babyphone analogique, à placer à plus de 1,5 m de son petit lit.
- N'utilisez aucune application nécessitant de laisser votre téléphone connecté à proximité de votre bébé.

5. Je mets les petits plats non toxiques dans les grands

Ce qui pose problème : certes, le bisphénol A est interdit dans les biberons et les conteneurs alimentaires, mais d'autres bisphénols (F et S) ont parfois pris sa place ! Sans parler, lors du passage à la diversification, des aliments qui peuvent exposer votre tout-petit aux pesticides et aux additifs alimentaires. La galère !

→ Mes solutions

- Préférer les biberons en verre (voire en inox).
- Privilégier les petits pots faits maison, idéalement à base de fruits et de légumes bio préalablement nettoyés et pelés.
- Côté petits pots industriels, miser là encore sur le bio et les produits ayant la liste d'ingrédients la plus courte possible.
- Ne jamais réchauffer les plats et les biberons dans un récipient en plastique, surtout au micro-ondes.

6. Je pars à la chasse aux substances qui portent la poisse !

Pour faire la chasse aux perturbateurs endocriniens et autres substances peu recommandables, repérez les abréviations suivantes sur les étiquettes de vos produits usuels !

La substance qui fait mal	C'est quoi exactement ?	Je repère et j'évite…
Les alkylphénols, dont les nonylphénols et l'octylphénol	Des composants de certains retardateurs de flamme, des précurseurs de détergents…	Tous les suffixes en -phénol
Le bisphénol A (BPA)	Un composant du plastique polycarbonate	Le chiffre 7 dans un triangle fléché sur le fond du produit (indicateur des « autres plastiques » pouvant contenir du BPA). Ajoutez la mention PC (polycarbonate), et la présence de BPA est confirmée.
Le butylhydroxyanisol (BHA)	Un additif utilisé pour les arômes alimentaires	La mention E 320
Les composés d'isothiazolinone	Des conservateurs utilisés dans les bases aqueuses de certains produits du quotidien	Méthylisothiazolinone, CMIT, MIT, BIT ou la mention « contient de la MIT. Peut provoquer une réaction allergique. »
Les composés perfluorés	Des lubrifiants, plastifiants ou agents de surface	PFOA, PFDS, PFDA, PFNA, PFHxS… Malheureusement, il n'y a souvent pas d'étiquetage !

La substance qui fait mal	C'est quoi exactement ?	Je repère et j'évite...
Les éthers de glycol	Des solvants ou conservateurs (certains interdits dans les produits fabriqués dans l'UE)	EGME, EGMEA, EGEE, EGEEA, DEGDME, EGDME
Les filtres UV		Benzophénone-3, 4-methylbenzyliden-camphor, 4,4-dihydoxybenzophénone, benzophénone, éthylhexyl méthoxycinnamate, octocrylène
Le formaldéhyde	Une substance biocide et anti-moisissures	La mention éponyme
Les huiles minérales	Dérivés pétrochimiques utilisés en base hydratante	Paraffinum Liquidum Petrolatum, Cera Microcristallina, Ozokerite, Ceresin, Mineral oil et tous les suffixes en «-methicone» ou «-siloxane»
Les parabènes	Des conservateurs	Dans les cosmétiques : butylparaben, propylparaben Dans les aliments : E214, E215, E218, E219
Les parfums		Les mentions «parfums», HICC, limonene, citronellol, nitromuscs, muscs polycycliques
Le phénoxyéthanol	Un conservateur antibactérien très irritant	Phénoxyéthanol, phénoxytol, EGPhE
Les phtalates	Un additif dans les plastiques souples	Le sigle 03 PVC L'étiquetage n'étant pas obligatoire, mieux vaut éviter tous les produits contenant du PVC.
Les sulfates	Des tensioactifs permettant aux corps gras de se disperser dans l'eau des produits	Ammonium lauryl sulfate (ALS), sodium lauryl sulfate (SLS) ou sodium laureth sulfate
Le triclosan	Un agent antibactérien très puissant	Triclosan, éther de diphényle d'hydroxyle, trichloro, carbanilide

Mes tutos pour des soins et des produits d'entretien faits maison

Vous ne traquez pas encore les #DIY (*do it yourself* pour les débutantes) ? Il est temps de vous y mettre, car rien ne vaut le bon vieux «fait maison» pour préserver votre bébé des substances qui n'augurent rien de bon. Pour vous lancer, voici quelques pas-à-pas avec la Maison des Maternelles.

1. Je prépare un liniment doux pour son séant !

Mes ingrédients
- 25 cl d'eau de chaux (à demander en pharmacie)
- 25 cl d'huile d'olive bio (voire de noyau d'abricot ou de tournesol)

Mon matériel
- 1 mixeur
- 1 verre doseur
- 1 bouteille opaque

Ma recette
1. Versez l'huile d'olive et l'eau de chaux dans le verre.
2. Mélangez à l'aide du mixeur plongeant (la préparation doit être bien homogène).
3. Versez le tout dans la bouteille et secouez avant usage.

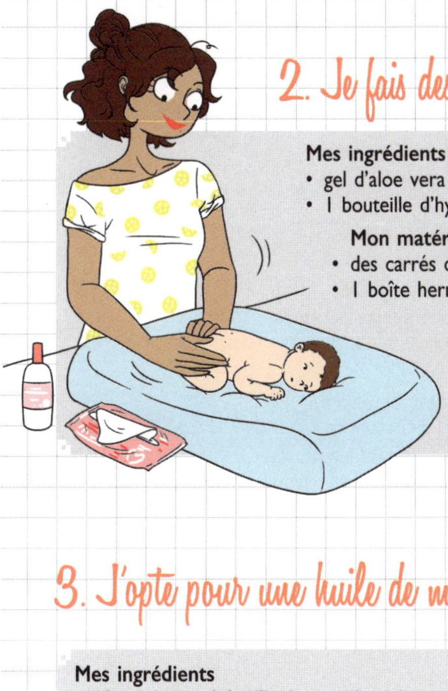

2. Je fais des lingettes bio et écolo !

Mes ingrédients
- gel d'aloe vera
- 1 bouteille d'hydrolat de fleur d'oranger, d'achillée millefeuille ou de camomille romaine

Mon matériel
- des carrés de fibre de bambou (10 x 10 cm ou 15 x 15 cm) ou des carrés de coton
- 1 boîte hermétique

Ma recette
1. Mélangez, dans un petit bol stérilisé, une même dose d'aloe vera et de l'hydrolat choisi.
2. Placez le mélange dans la boîte avant d'y ajouter les carrés de tissu.
3. Conservez le tout un mois à température ambiante.

3. J'opte pour une huile de massage aux composants ultra-sages !

Mes ingrédients
- 10 ml de macérât d'huile de calendula
- 10 ml d'huile végétale de cameline
- 10 ml d'huile végétale d'olive

Mon matériel
- 1 flacon pompe de 30 ml

Ma recette
1. Versez l'huile de calendula dans le flacon, puis ajoutez les huiles de cameline et d'olive.
2. Remettez la pompe, mélangez bien et voilà !

Des huiles en veux-tu en voilà !
Une huile végétale bio, idéalement de première pression à froid, suffit amplement pour masser votre bébé. À tenter : les huiles de noyau d'abricot, de jojoba, d'avocat, d'argan, de sésame, de germe de blé ou de chanvre. Veillez toutefois à toujours tester l'huile choisie à l'intérieur du coude de votre bébé et à attendre 24 à 48 heures pour vérifier qu'il ne fait pas de réaction cutanée !

4. Je concocte notre liquide vaisselle au naturel !

Mes ingrédients
- 1 litre d'eau bouillante
- 50 g de savon de Marseille en copeaux
- 1 c. à s. de savon noir
- 1 c. à s. de bicarbonate de soude
- 1 c. à s. de cristaux de soude
- 1 c. à s. de vinaigre d'alcool
- Facultatif : quelques gouttes d'une huile essentielle adaptée à votre bébé (comme la lavande officinale)

Mon matériel
- 1 entonnoir

Ma recette
1. Faites fondre le savon de Marseille dans l'eau bouillante.
2. Ajoutez le savon noir, les cristaux de soude, le bicarbonate et le vinaigre blanc au mélange.
3. Laissez reposer et épaissir le tout à température ambiante. À noter : le mélange obtenu doit être plutôt pâteux !
4. ncorporez l'huile essentielle à froid.
5. Transférez la pâte dans un flacon pompe à l'aide de l'entonnoir, et le tour est joué !

5. Je fabrique une lessive maison qui sent bon !

Mes ingrédients
- 1 litre d'eau
- 75 g de savon de Marseille blanc râpé (sans glycérine ajoutée si vous souhaitez nettoyer vos couches lavables)
- 75 g de cristaux de soude
- 3 c. à s. de bicarbonate de soude
- ½ c. à c. d'huile essentielle de lavandin ou de citron

Ma recette
1. Faites fondre les copeaux de savon dans 50 cl d'eau bouillante.
2. Dans un petit récipient à part, faites se dissoudre les cristaux de soude dans un peu d'eau, puis versez la préparation dans la casserole et remuez (n'hésitez pas à utiliser un mixeur plongeant si vous voulez un mélange lisse).
3. Une fois la préparation homogène, incorporez le bicarbonate de soude, toujours sur le feu.
4. Retirez alors la casserole du feu et ajoutez 50 cl d'eau froide au mélange, qui va s'épaissir.
5. Transférez le tout dans un grand bocal hermétique et incorporez, si vous le désirez, les huiles essentielles à froid.

Petite astuce : au moment d'utiliser votre lessive bio, n'hésitez pas à ajouter 2 c. à s. de vinaigre blanc dans le compartiment à adoucissant de votre machine à laver pour bien dissoudre le savon.

Chapitre 8

J'aide mon bébé à grandir… et à s'épanouir !

S'il bénéficie d'un environnement affectif lui permettant de prendre confiance en lui, votre petit champion battra bientôt des records (à vos yeux) ! Gestes (quasi) chirurgicaux, babillages (quasi) baudelairiens, premiers pas à faire pâlir Neil Armstrong de jalousie… Il va faire d'extraordinaires progrès dans les mois à venir !

Coucher, assis, debout… Mes to-do lists pour accompagner mon bébé !

En matière de motricité, tout se déroule par étapes chez votre bébé, et il y a fort à parier que vous serez au taquet pour l'accompagner à chacune d'entre elles.

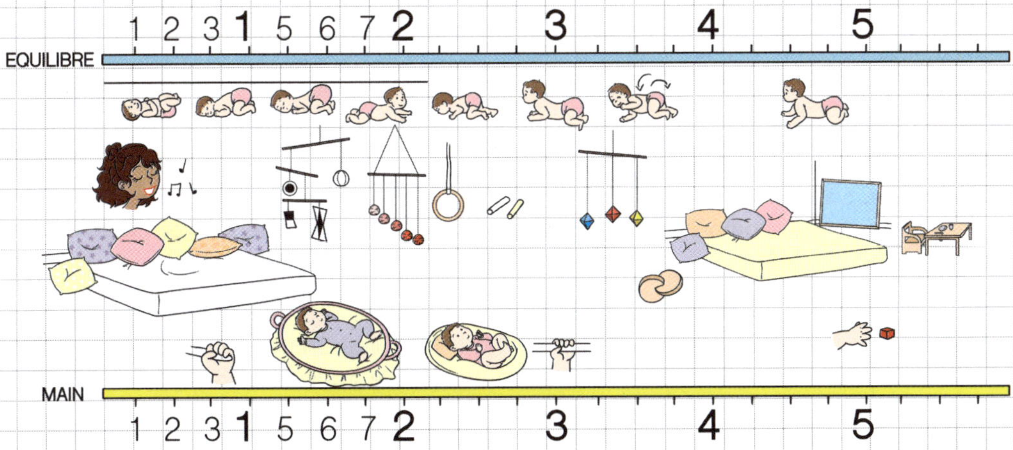

Développement psychomoteur : mon bébé obéit (déjà) aux lois!

Le développement psychomoteur de votre tout-petit n'est pas le fruit du hasard. Il obéit en réalité à trois grandes lois.

- D'abord, **la différenciation** : à la naissance, la motricité de votre bébé est désordonnée et globale. Elle s'affine au fil des mois, et votre enfant passe progressivement d'une motricité réflexe à une motricité volontaire.
- Ensuite, **la variabilité** : chaque enfant est différent, progresse à sa façon. En revanche, si on les laisse libres dans leur motricité, tous passent par les mêmes étapes, mais à des âges et dans des styles différents.
- Enfin, **la succession** : le bébé parvient à maîtriser son corps par étapes successives. Ainsi, il contrôle d'abord sa tête, puis son dos, puis son bassin (c'est la loi céphalo-caudale). Ensuite, il maîtrise en premier lieu les parties du corps proches de son axe avant de maîtriser la périphérie (les bras avant les doigts, par exemple)

Entre 1 et 4 mois : il garde la tête haute !

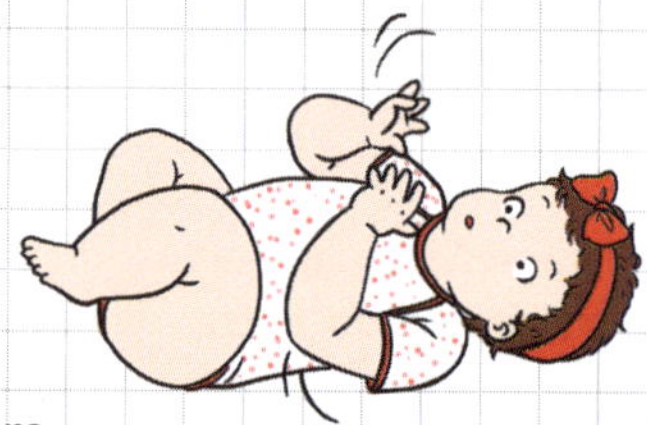

Au cours de ces 4 mois, votre enfant vous épate. La preuve?

- **Il maintient sa tête!** Dès ses premières semaines, ses muscles se développent progressivement pour lui permettre de tenir sa tête droite de plus en plus longtemps. Vers 3-4 mois, il y parvient quand vous le maintenez en position assise (à éviter toutefois à ce stade de son développement), il tourne sa tête de côté sans problème et il finit par être capable de la relever pendant quelques minutes quand il est couché sur le ventre!
- **Il découvre ses mains,** d'abord en les contemplant et en les faisant bouger (l'étape du «regard-main»), puis vers 3-4 mois il les décrispe, les ouvre pour attraper un objet en contact avec sa paume. C'est la préhension au contact.
- **Il commence à pivoter...** au point que vous le retrouvez parfois la tête à l'opposé de l'endroit où vous l'aviez laissé en le posant dans son lit. Bravo, c'est un premier déplacement!

Ma to-do list

✔ Enlever ses chaussettes quand il est sur son tapis d'éveil. L'objectif est de lui permettre de trouver ses appuis plus facilement... mais attention aux courants d'air!

✔ Faire glisser des petits jouets sur le dos de sa main, sur son cou, son ventre, pour l'encourager à les attraper.

En revanche, j'évite...

✘ De vouloir l'aider à maintenir sa tête à tout prix! Votre bébé développe sa musculature à son rythme, et vos initiatives (l'amener en position assise en le tirant par les bras, par exemple) pourraient bien épuiser sa chaîne musculaire au lieu de l'aider!

Entre 4 et 6 mois : il se retourne !

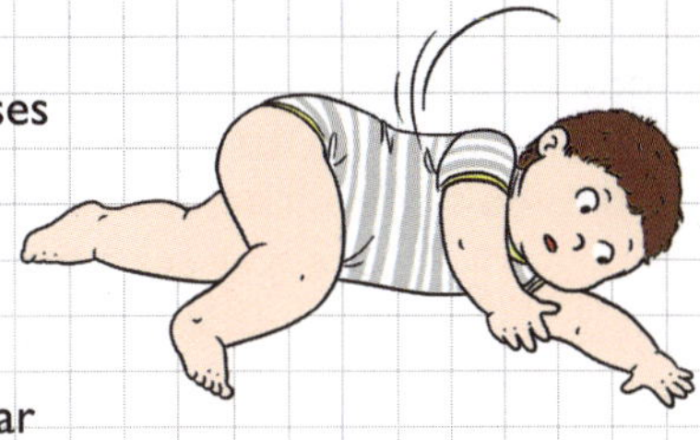

Au programme des prochaines semaines, de nombreuses réjouissances côté motricité, et plus particulièrement…

- **Le bassin de votre bébé gagne en mobilité.** Autour de 5 mois, il commence à se déhancher en position allongée. Très chou, mais surtout ultra-utile. Grâce à ces mouvements, ses hanches finissent par entraîner le reste du corps et, miracle…
- **Il se retourne!** Du dos vers le ventre pour commencer, généralement vers 5 mois aussi!
- **Il attrape volontairement des petits objets.** Finie la loi du grasping (voir p. 8). Désormais, c'est lui qui choisit ce qu'il saisit, frappe contre le sol ou la table et, évidemment, met à la bouche!

LA MAISON des MATERNELLES

J'accompagne mon bébé dans ses premiers retournements : les conseils de Karim, coach à la Maison des Maternelles

Installez votre bébé sur le dos et pieds nus sur son tapis avant de glisser une petite plume entre ses orteils. Quand il essayera de l'attraper en rapprochant son pied de son visage, placez votre main sous ses petites fesses et soulevez-les légèrement. Son pied va naturellement basculer sur le côté et entraîner le reste de son corps. Aidez-le à finir le mouvement sur le ventre pour qu'il puisse dégager son bras tout seul, et le tour est joué!

Ma to-do list

✔ Placer des petits jouets de part et d'autre de sa tête pour appâter le petit chaland, l'encourager à tourner la tête, les hanches, et finalement à se retourner!

✔ Le garder à l'œil (comme d'hab)! Si un bébé sait se retourner sur le ventre quand il est sur le dos, il ne maîtrise pas forcément l'art de passer du ventre sur le dos. Sans compter que son cou et ses bras ne sont pas encore suffisamment musclés pour maintenir sa tête en hauteur très longtemps! Vous avez la sensation qu'il s'épuise sur le ventre? Aidez-le à se retourner (dans l'idéal, en intervenant le moins possible).

✔ Lui donner des objets de formes et de tailles différentes. La balle d'abord, puis des cubes mous, des triangles durs…

Entre 7 et 9 mois : il se déplace (et bien) !

Au cours de ces quelques mois, votre bébé continue son renforcement musculaire. Bras, dos, ventre : il est de plus en plus costaud et peut ainsi tenter de nouvelles aventures, et non des moindres!

- **Il s'assied (seul) :** vers 8-9 mois, votre bébé commence à avoir le tonus musculaire suffisant au niveau du dos et de la nuque pour se tenir en position assise. S'il tend au départ à être plutôt penché vers l'avant sous le poids de sa tête, il parvient au fil des jours à se redresser, à trouver ses appuis et à maîtriser son port de tête. Bravo !

- **Il rampe…** peut-être ! En effet, certains bébés sautent cette étape et se déplacent directement à quatre pattes, généralement autour de 9 mois.
- **Il communique avec ses mains !** Votre enfant comprend progressivement que ses mains ne servent pas qu'à attraper, mais aussi à interagir avec vous. Il commence ainsi par des gestes simples (au revoir, bravo), avant de les affiner.

LA MAISON des MATERNELLES

J'accompagne mon bébé dans l'acquisition de la position assise : les conseils de Karim, coach de la Maison des Maternelles

Assise sur le sol, placez votre bébé dos à vous et resserrez très légèrement vos jambes contre lui pour qu'il se sente en sécurité. Posez un petit jouet sur votre cuisse (plume, cube…) et balancez-vous légèrement du même côté. Votre bébé va suivre votre mouvement, et très sûrement vouloir attraper le joujou. À cette fin, il va prendre appui sur votre jambe avant de se remettre droit. Et voilà, il s'est assis comme un grand !

Ma to-do list

✔ Étendre sa zone de jeu pour l'encourager à se déplacer… Même s'il y a fort à parier qu'il finira par le faire tout seul !

✔ Exagérer vos gestes en les associant toujours à la parole pour l'encourager à vous imiter !

En revanche, j'évite…

✘ De l'asseoir quand il ne s'est pas mis en position de lui-même. Si votre bébé ne maîtrise pas la posture, l'installer dans sa chaise haute (par exemple) va sursolliciter sa chaîne musculaire. En attendant, prenez votre mal en patience et faites-le manger contre vous ou dans son transat.

Entre 10 et 12 mois : il se met debout (et marche peut-être)

Votre bébé a de plus en plus de forces dans les jambes, il continue de muscler ses bras (en attrapant ce qui l'entoure, à commencer par vos cheveux) et il essaye de plus en plus de se hisser vers le haut. Et les résultats ne se font pas attendre !

- **Il se tient debout !** Le passage à la position verticale est une étape-clé de son développement. Elle peut donc prendre du temps ! Ainsi, votre bébé va peut-être parvenir à se mettre debout en se tenant à des objets ou du mobilier vers 8 mois, puis à se déplacer en les longeant. Il faudra souvent attendre plusieurs semaines pour qu'il lâche la table basse et se redresse seul.

- **Il marche :** certes, vous n'attendez que cela, mais l'acquisition de la marche repose sur un savant cocktail d'équilibre et de tonus musculaire des membres inférieurs et supérieurs, ce qui explique pourquoi certains bébés font leurs premiers pas dès 9 mois tandis que d'autres attendent tranquillement leurs 18 mois (voire plus).
- **Sa conduite devient intentionnelle.** Lorsqu'il attrape un objet, votre tout-petit le retourne, le frotte, l'explore afin de comprendre, notamment, les réactions en chaîne. Désormais, il secoue son hochet avec un but (c'est là la nouveauté) : lui faire faire du bruit.

Ma to-do list

✔ Attendre avant de craquer pour de jolis souliers ! Pour les débuts de la marche, mieux vaut laisser votre tout-petit pieds nus pour qu'il sente ses appuis au sol.
✔ Réaménager le salon. Des meubles bas, des fauteuils bien stables : n'hésitez pas à parsemer son parcours d'appuis en tout genre.
✔ L'inciter à détourner des objets : il veut pousser une chaise dans le salon ou la poussette dans le jardin ? Pour apprendre à marcher, c'est très bien !
✔ En faire des tonnes. ! Émerveillez-vous, dites-lui que vous êtes fière, encouragez-le… C'est aussi comme cela qu'il prend confiance.
✔ Le laisser tomber ! Certes, ses chutes vous font mal au cœur, mais elles sont utiles. Non seulement elles participent à son renforcement musculaire (et osseux), mais elles lui permettent aussi de prendre conscience des dangers et des limites de son corps !

En revanche, j'évite…

✘ De le faire marcher tant qu'il ne l'a pas fait de lui-même. S'il ne marche pas encore, c'est qu'il n'est pas prêt !
✘ De le prendre par la main pour éviter de le troubler et de fausser ses sensations corporelles.

J'adapte ses jouets à ses besoins… et à mon style !

Observer ses mains, mâchonner ses mains, jouer avec ses mains… Votre tout-petit a des plaisirs simples. Rien ne sert donc de lui organiser un son et lumière avec tous les jouets repérés par votre moitié dans *Canard PC* ! Tour d'horizon du matériel idéal pour éveiller votre bébé, adapté à votre dextérité… et au temps que vous avez !

J'investis dans un tapis (d'éveil)

Pourquoi ? Le tapis d'éveil offre à votre bébé une zone à la fois sécurisée et assez grande pour pouvoir faire ses expériences : pivoter, se retourner, attraper des jouets…

C'est donc l'objet parfait pour favoriser sa motricité et son éveil sensoriel !

L'option « maman pressée » : un modèle disponible dans le commerce fera très bien l'affaire, à condition qu'il ne soit pas trop chargé (pour éviter de le surstimuler), qu'il ait des couleurs contrastées que votre petite taupe pourra distinguer (voir p. 7) et qu'il présente différentes textures pour développer son toucher.

J'élève ma marmaille au DIY : réalisez vous-même un tapis en patchwork de différentes matières (velours côtelé, fausse fourrure, laine), auquel vous pourrez coudre ou accrocher quelques marionnettes à doigt, des étiquettes…

Je lui offre quelques hochets

Pourquoi ? Le hochet vous semble peut-être ultra-basique, mais il favorise la coordination, la motricité fine de votre bébé, et il participe à son éveil sensoriel. Il a tout pour lui !

L'option « maman pressée » : achetez différents modèles de hochets (de préférence en bois), en veillant à varier les formes (ronde, triangulaire, cubique), les matières et le poids pour lui permettre de multiplier les découvertes. À mettre sur votre liste : des hochets en disque, à grelots, en perles ou un hochet Skwish (sorte de molécule faite de perles en bois reliées par des fils et de fins tubes de bois).

J'élève ma marmaille au DIY : réalisez vous-même un hochet en nouant sur un ruban 6 grosses perles en bois. Attention à bien les séparer par des nœuds solides… et à vérifier régulièrement qu'il est en bon état.

Je lui choisis une balle (une bonne)

Pourquoi ? La balle l'accompagne dans ses découvertes sensorielles (vue, toucher), mais elle développe aussi la coordination main-œil et la préhension. Ça roule !

L'option « maman pressée » : les premières semaines, proposez-lui des balles sensorielles. Celles-ci peuvent être à picots, en crochet, équipées de petits miroirs, de différentes tailles… Ensuite, vers 6 mois, quand il sera capable d'attraper ses jouets intentionnellement, investissez dans une balle de préhension Montessori !

J'élève ma marmaille au DIY : il existe, sur les réseaux sociaux, 1 001 tutos de tricot ou de crochet pour confectionner des balles. Suivez les #bébé, #crochet, #DIY !

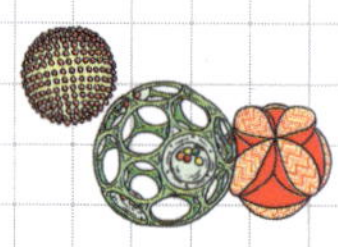

Je lui installe un miroir

Pourquoi ? Le miroir lui permet de découvrir l'altérité, de prendre conscience de son schéma corporel et de s'éclater. Vous hésitez encore ?

L'option « maman pressée » : posez votre bébé sur son tapis d'éveil devant le grand miroir de votre penderie pour qu'il puisse admirer ses mouvements.

J'élève ma marmaille au DIY : fixez de part et d'autre d'un mur d'angle deux miroirs à sa hauteur pour qu'il puisse se contempler à 180° (à défaut de 360°). Ensuite, quand il sait se tenir assis seul, placez une barre transversale à hauteur de bras pour qu'il puisse s'y hisser et passer à la position verticale !

Et j'évite…

- ✘ Le transat pendant de longues périodes, car il limite ses mouvements et risque ainsi d'interférer avec ses apprentissages psychomoteurs.
- ✘ Le youpala : loin de favoriser la marche, il fait sauter à votre enfant des étapes-clés de son développement moteur en le faisant passer directement de la position assise à la verticale. Sans compter qu'il favorise les risques de chute et certaines déformations (pieds, hanches). À bannir !

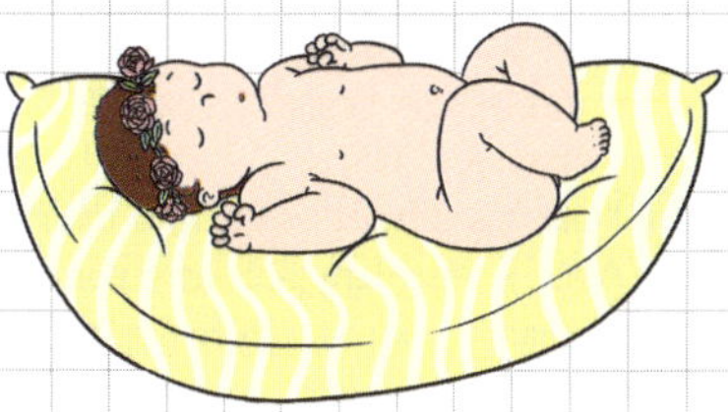

- ✘ Les jouets multisensoriels (très colorés ET musicaux ET…) : ils ont tendance à trop solliciter votre bébé. Vive la simplicité !
- ✘ Tous les écrans, évidemment !

Je rêve, ou il commence à parler ?

Babillages, syllabes et premiers mots… Êtes-vous vraiment au point quand il s'agit du langage de votre bébé ? Faites ce petit test pour le savoir ! Attention, plusieurs réponses sont possibles !

1. À sa naissance, mon bébé sait déjà reconnaître sa langue maternelle !

A Oui, c'est un superhéros !
B Non, il ne faut pas exagérer !
C Faut arrêter : personne ne sait !

Réponse A : plusieurs études ont démontré que les bébés reconnaissent non seulement les inflexions de la langue à laquelle ils ont été exposés in utero, mais également des mots et leurs variantes. À la naissance, leur cerveau est ainsi « précâblé » pour apprendre à parler ! #Wow !

2. Pour entendre son premier mot, je dois attendre...

A Qu'il ait entre 3 et 7 mois.
B Qu'il ait entre 10 et 18 mois.
C Qu'il ait entre 20 et 24 mois.

Réponse B : même si chaque bébé acquiert le langage à son rythme, les apprentissages suivent généralement le même schéma.

- Vers 2-3 mois, il commence par des vocalises.
- Vers 7 mois, il commence à babiller, à répéter des syllabes.
- Entre 10 et 12 mois, voire plus tard, il prononce (en général) son vrai premier mot!

3. Il ne parle pas encore, donc...

A Il ne capte rien de ce que je lui raconte.
B Il comprend l'idée générale de mes propos et quelques mots!
C Il me reçoit 5 sur 5!

Réponse B : votre bébé est un pro de la compréhension... La preuve?

- Dès 4-5 mois, il a parfaitement intégré une série de mots récurrents (papa, maman, son prénom).
- Vers 6 mois, il reconnaît les voyelles.
- Vers 9 mois, il sait identifier les consonnes.
- Vers 10 mois, il comprend le langage du quotidien!

Sans oublier qu'il intègre dès son plus jeune âge tout ce qui «entoure» le verbe : le ton, l'émotion, l'intention...

4. Quand il babille, mon tout-petit...

A Nous imite (faut dire qu'on est vraiment cool).
B Acquiert la structure de ses futurs mots.
C Fait passer le temps!

Réponses A et B : dododo, dadada... En écoutant votre bébé, vous avez parfois l'impression qu'il a le talent de parolier de Maître Gims. Pourtant, ses babillages sont une vraie forme d'expression. Ainsi, il cherche à reproduire les sons qu'elle a entendus au cours de ses premiers mois de vie.

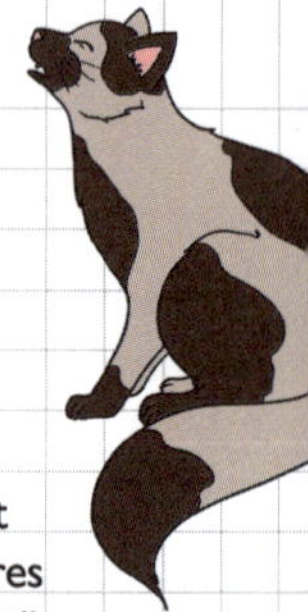

5. Son premier mot sera forcément...

A Papa.
B Maman.
C Le nom du chat.

Réponse A... sûrement! Non seulement le p est plus facile à prononcer que d'autres sons, mais l'évolution naturelle de son babillage lui permettra de doubler une même syllabe («pa-pa», vers 7 mois), avant de produire deux syllabes différentes («ma-man», «ba-to», vers 9 mois). Et si ce n'est pas son intention première d'appeler son père, il y a fort à parier qu'il se sentira encouragé à se répéter au vu de vos réactions d'admiration!

6. Il appelle tout le monde «maman». Je le prends mal ou bien?

A Non, ça lui passera!
B Non, c'est une étape normale du développement de son vocabulaire.
C Oui, il exagère!

Réponses A et B : à la fin de sa première année (ou plus tard), votre bébé prononcera ses premiers mots. Il commencera d'ailleurs sûrement par une petite dizaine de termes, en privilégiant ceux à la prononciation proche («pain», «bain», «main»). Il aura aussi tendance à utiliser les mêmes mots pour décrire différentes choses. Ainsi, il désignera peut-être pendant quelque temps tous les animaux par «chien» et toutes les femmes par «maman»... Ne vous formalisez pas!

7. Pour aider mon bébé à parler...

A Je lui parle en «gouzis», ça suffit!
B Je chante, je lis, je décris tout ce que je vis.
C J'organise des dîners avec la famille et les amis.

Réponse C : contrairement à la lecture ou à l'écriture, l'apprentissage du langage est naturel chez votre bébé. Il suffit donc qu'il soit régulièrement exposé à la parole de son entourage pour l'acquérir. Inutile de vous mettre la pression pour l'accompagner! En revanche, les chansons, les histoires, les comptines, les discussions participent toutes à son éveil et à la formation du lien parent-enfant. N'hésitez pas à l'inonder d'amour et de bons mots!

Parler deux langues à notre bébé : bonne ou mauvaise idée?

Selon le linguiste américain Noam Chomsky, tous les bébés naissent avec une « grammaire universelle », sorte de circuits cérébraux qui vont lui permettre d'être sensible aux contrastes phonétiques de toutes les langues et d'être prêt à apprendre. Ensuite, au cours de sa 1re année et à force d'être exposé au langage de ses parents, il va régler cette grammaire, se spécialiser dans sa langue maternelle et se fermer progressivement à d'autres. C'est dire s'il ne faut pas se priver de l'exposer à un maximum de sonorités dès son plus jeune âge!

Attachement : mon programme pour l'accompagner vers l'autonomie

Attention, petite pression : c'est tout l'amour et la sécurité affective que votre bébé reçoit aujourd'hui (et dans les 5 prochaines années) qui déterminera, plus tard, l'adulte qu'il deviendra. Autant dire que c'est le moment d'en faire des tonnes pour répondre à ses besoins! Concrètement, comment faire?

La théorie de l'attachement : quèsaco?

Développée par le psychiatre américain John Bowlby en 1958, la théorie de l'attachement révèle que le bébé a un besoin primaire d'entrer en relation avec autrui pour se protéger et explorer. Plus concrètement, il cherche à interagir avec ses figures d'attachement (sa mère d'abord, mais aussi son père, les membres de sa famille) par le biais de comportements instinctifs (pleurer, sucer, sourire). En retour, ces derniers tentent de répondre à ses besoins en lui donnant des soins physiques ou affectifs (le *caregiving*). Si ces soins et la relation établie sont de qualité, le tout-petit acquiert alors la sécurité affective nécessaire pour développer ses compétences et gagner en autonomie! Mais pas seulement! C'est en effet en interagissant avec ses figures d'attachement que l'enfant se forge une sorte de schéma mental (le modèle interne opérant) qui va servir de base à toutes ses relations futures. Ce dernier se met en place dès 6-9 mois et se consolide vers 5-6 ans. En résumé : si vous êtes bienveillant avec votre tout-petit aujourd'hui, il le sera plus tard avec les autres!

Je materne à fond !

Vous adorez porter, câliner, embrasser votre bébé ? Continuez ! En effet, les contacts physiques fréquents et soutenus entre le bébé et sa maman, surtout au cours de ses 6 premiers mois, sont la première clé de l'attachement !

→ Alors je fais quoi ?

Si vous hésitiez encore à vous mettre au peau-à-peau (voir p. 10), au massage ou au portage en écharpe, c'est le moment de vous lancer !

Je décrypte et je réponds !

Vous avez parfois l'impression de ne pas le comprendre ? Ne retenez qu'une chose : votre bébé est presque aussi basique que votre moitié : s'il pleure, c'est qu'il a besoin de vous. Et même si vous avez l'impression de mal gérer la situation, sachez qu'il suffit d'être réceptive à ses signaux et d'y répondre de votre mieux en respectant ses rythmes pour que votre bébé se sente en sécurité.

→ Alors je fais quoi ?

- Pas question de le laisser pleurer, au risque de le stresser !
- Faites une check-list de ses besoins essentiels et procédez par élimination : a-t-il faim ou besoin d'être changé ? Éprouve-t-il une quelconque gêne ? A-t-il trop chaud ? Trop froid ?
- Vous ne trouvez pas la solution ? Prenez-le dans vos bras et rassurez-le en lui disant que vous allez chercher une solution ensemble.

Je lui offre des repères par millions (ou presque)

Votre bébé est un petit pantouflard qui a besoin d'évoluer avec des repères, dans une ambiance contrôlée et prévisible, pour comprendre les conséquences de ses propres actions. À vue de nez, ce n'est pas très palpitant, mais c'est là encore un facteur important dans la relation d'attachement.

→ Alors je fais quoi ?

- Multipliez les rituels (au lever, au coucher, lors du passage chez la nounou…).
- Répartissez les tâches entre vous et votre moitié : il s'occupe toujours du bain, vous de la tétée…
- Évitez, si possible, de changer trop souvent son cadre de vie habituel ; si vous devez bouger, essayer de recréer son environnement habituel ailleurs.

Je prends du plaisir avec mon bébé !

Être au taquet pour votre bébé, c'est bien. Kiffer ensemble, c'est encore mieux ! En effet, le plaisir mutuel ressenti avec votre tout-petit participe lui aussi à consolider la relation d'attachement. L'excuse parfaite pour être (enfin) un peu égoïste !

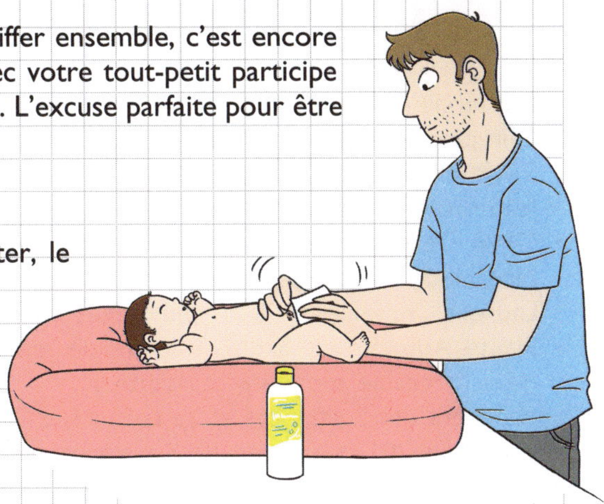

→ Alors je fais quoi ?

- Tout ce qui vous plaît : vous adorez allaiter, le balader dans le porte-bébé ? Continuez !
- Au contraire, essayez de limiter au maximum toutes les sources de stress. Les soins du cordon vous angoissent ? Passez la main à votre chéri ou à votre maman !

Bibliographie

- Catherine Guéguen, *Pour une enfance heureuse,* éditions Payot.
- Christine Nougarolles, Anaïs Galon, *Bébé s'exprime par signes,* éditions Mango.
- Sylvie et Noémie D'Esclaibes, *Mon P'tit Cahier Montessori,* éditions Solar.
- Jean Epstein, Chloé Radiguet, *l'Explorateur nu,* les Éditions universitaires.
- Olivia Despret, Véronique Deiller, *Mon P'tit Cahier Massage de bébé,* éditions Solar.
- Noémie Sylberg, *le Guide des premiers secours pour nourrisson et enfants,* éditions Marabout.
- Laurent Chevallier, *le Livre antitoxique,* éditions le Livre de Poche.
- Haute Autorité de Santé, « Sortie de maternité : préparez votre retour à la maison » (téléchargeable sur www.has-sante.fr).
- Ministère des Solidarités et de la Santé, « Calendrier des vaccinations et recommandations vaccinales 2018 », janvier 2018 (téléchargeable sur http://solidarites-sante.gouv.fr).
- « Guide de la nutrition de 0 à 3 ans », guide de l'INPES (téléchargeable sur http://inpes.santepubliquefrance.fr).
- « Protéger votre enfant des accidents domestiques », guide de l'INPES (téléchargeable sur http://inpes.santepubliquefrance.fr).
- « Le petit guide santé du bio-bébé », de l'Association santé environnement France (téléchargeable sur http://www.asef-asso.fr/).
- Mini-guides du projet Nesting : http://www.projetnesting.fr/-Mini-guides-thematiques, 51-.html
- DeCasper A.J., Spence M.J., 1991, « Auditorially mediated behavior during the perinatal period: A cognitive view », *in* Weiss M.J., Zelazo P.R. (sous la direction de), *Infant Attention,* Norwood N.J., Ablex, p. 142-176.
- Sullivan R., « Clinical usefulness of maternal odor in Newborns: soothing and feeding Preparatory Responses », *Biol Neonate,* Vol 74 (6), (1998), p. 402-408.
- Feldman R., Rosenthal Z., Eidelman A.I., « Maternal-Preterm Skin-to-Skin Contact Enhances Child Physiologic Organization and Cognitive Control Across the First 10 Years of Life », *Biological Psychiatry,* Volume 75, Issue 1, 1 January 2014, p. 56-64.
- Brazelton T.B., « Crying in infancy », *Pediatrics,* 1962, 29:579-588.
- Ronald G. Barr, « The Normal Crying Curve: What Do We Really Know ? », *Developmental Medecine & Child Neurology,* Volume 32, Issue 4, Avril 1990.
- Bowlby J., « The nature of a child's tie to his mother », *International Journal of Psycho-Analysis,* 1958, 39, p. 350-373.
- Blyton D.M., Sullivan C.E., Edwards N., « Lactation is associated with an increase in slow-wave sleep in women », *J Sleep Res,* 2002;11(4):297-303.
- Bloch J., Denis P., Jezewski-Serra D. et le comité de pilotage de l'INVS, « Les morts inattendues des nourrissons de moins de 2 ans », enquête nationale 2007-2009.
- Li D.K., Willinger M., Petitti D.B., Odouli R., Liu L., Hoffman H.J., « Use of a dummy (pacifier) during sleep and risk of sudden infant death syndrome (SIDS): population based casecontrol study », *BMJ,* 2006;332(7532):18-22.
- Taillefer A., Casasoprana A., Cascarigny F., Claudet I., « Port de colliers de dentition chez le nourrisson », *Archives de pédiatrie,* Volume 19, n° 10 (octobre 2012).

- Définition des coliques dite de Rome III, consensus de spécialistes internationaux de gastro-entérologie pédiatrique se réunissant à Rome.
- Weizman Z., Alkrinawi S., Golfarb D., Bitran C., « Efficacity of herbal tea preparation in infantile colic. », *J Pediatr,* 1993;122:650-2.
- « Hygiène et soins bébé : une liste de 28 produits à éviter » (octobre 2014) et « Test de couches : stop aux résidus toxiques pour les bébés (février 2017), *60 Millions de consommateurs,* à consulter en ligne : https://www.60millions-mag.com.
- Moon C., Lagercrantz H., Kuhl P.K., « Language experienced in utero affects vowel perception after birth: a two country study », *Acta Paediatrica,* vol. 102, Iss. 2, février 2013.
- Partanen E., Kujala T., Näätänen R., Liitola A., Sambeth A., Huotilainen M., « Fetal brain learns to process speech », Proceedings of the National Academy of Sciences, Aug. 2013, 201302159;DOI:10.1073/pnas.1302159110.
- Chomsky N., *Structures syntaxiques,* éditions du Seuil, 1979.
- Bowlby J. : « The nature of the child's tie to his mother », *International Journal of Psycho-Analysis,* 1958;39:350-373.
- Ainsworth M., Blehar M., Waters E., Wall S., « Patterns of attachment: A psychological study of the strange situation », Erlbaum, Hillsdale, 1978.

Carnet d'adresses

- Association française de pédiatrie ambulatoire : https://afpa.org/
- Société française de pédiatrie : http://www.sfpediatrie.com/
- Association française du massage pour bébé : http://www.massage-bebe.asso.fr/
- Slow Cosmétique : https://www.slow-cosmetique.com/
- Les ateliers de la Souris Verte (cosmétiques bio) : http://www.ateliers-souris-verte.com/
- Le Haricot Magique (massage et portage bébé) : http://www.leharicotmagique.fr/
- Questions d'Allaitement (consultation en lactation) : http://www.questiondallaitement.com/

LA MAISON des MATERNELLES en quelques clics…

- En replay : https://www.france.tv/france-5/la-maison-des-maternelles/
- Sur YouTube : https://www.youtube.com/channel/UCIPYAUOsPwGooCilzojYvIA
- Sur Facebook : https://www.facebook.com/LaMaisonDesMaternelles/
- Sur Twitter : @LMDMF5

Remerciements
Merci à Olivia Despret, à Carole Hervé, au Dr Caroline Deiller, à Élodie Deiller et à Julien et Éléonore.

Mon bambin a…	4-6 mois	6-8 mois	8-12 mois
En légumes, je lui donne	Des petites choses faciles à digérer : carotte, blanc de poireau, épinards, patate douce, potiron, haricots verts, brocoli, courgette sans peau et sans pépins…	Tous les légumes de saison !	Tous les légumes, même les plus difficiles à digérer : artichaut, aubergine, blette, cardon, céleri, champignon, chou-fleur, courge et potiron, endive, tomate (pulpe), panais, petits pois, poivron, salsifis…
En fruits, je lui donne	Pomme, poire, abricot, pêche banane : les basiques !	Tous les fruits de saison… et même certains fruits crus (banane ou poire, très mûres et écrasées).	Tous les fruits de saison, même les fruits exotiques et rouges.
Côté protéines, je lui donne	Rien pour commencer puis, vers 6 mois, de la viande blanche (jambon, dinde, poulet) ou rouge (bœuf) et de l'œuf.	Continuez à introduire progressivement les viandes et les poissons gras ou blancs, en conserve, surgelés ou frais.	Tous les poissons (hors liste ci-dessus) et les fruits de mer cuits (à condition d'en connaître la provenance et la fraîcheur).
En féculents, je lui donne	De la pomme de terre pour lier les purées, à partir de 6 mois.	La pomme de terre toujours, puis les pâtes, le riz, la semoule de blé à 7 mois révolus, à mixer dans la purée. En option : s'il ne mange pas beaucoup au moment des repas, ajoutez 1 à 2 c. à c. de farine infantile dans son biberon du soir.	
Et le reste ?	Vers 5 mois, un yaourt, deux petits-suisses nature. À 6 mois révolus, une noisette de beurre ou 1 c. à c. d'huile végétale (tournesol, colza, olive).	Les fromages pasteurisés.	Vers 9e mois, c'est le moment de lui proposer des épices et des herbes. Au menu, le basilic, l'estragon, la ciboulette, la cannelle, à servir cuites et mixées dans les purées de légumes qu'il a préalablement goûtées !
Je m'y prends comment ?	• Commencez par quelques cuillerées de purée de légumes très lisse en complément du biberon, puis augmentez progressivement la dose jusqu'à 130 g. Ça ne passe pas ? Remplacez le biberon du midi par une soupe spéciale bébé, soit : + Substituez à l'eau du biberon 210 ml de bouillon de légumes + 7 mesurettes de lait + Ajoutez à son biberon habituel quelques cuillerées de légumes mixés. • Introduisez les fruits un à un 15 jours après les légumes, toujours cuits et mixés. La bonne quantité : l'équivalent d'un fruit cuit (ou moins). • Quand le repas remplace le biberon, ajoutez les protéines à la purée (5 g, soit 1 c. à c. pour commencer).	Continuez sur votre lancée en passant la dose quotidienne de protéines à 10 g (2 c. à c. de viande ou de poisson, ou ¼ d'œuf dur) et en ajoutant de temps en temps un fromage frais ou du fromage blanc (qui remplace alors le yaourt). Évidemment, ses 500 ml de lait quotidiens restent d'actualité ! Les bonnes quantités : 130 g de purée toujours à 7 mois (ou un peu plus s'il a très faim). L'objectif : 180 g à 8 mois.	Alternez toujours 500 ml de lait (biberon et laitages) au cours de la journée avec les purées, compotes & co. Ce qui change… • Apportez une dose de céréales à chaque repas (pain, pâtes, riz, semoule, tapioca, polenta) en plus des fruits et des légumes. • La portion de protéines quotidienne passe à 20 g (soit 4 c. à c. de viande ou de poisson, ou ½ œuf dur). • Il a très faim ? Donnez-lui des purées de 200-250 g pour le salé, de 130 g pour le sucré. • Proposez-lui des petits morceaux avec des purées moins mixées ou des fruits et des légumes cuits coupés qu'il pourra manger à la main.

Mon bambin a…	4-6 mois	6-8 mois	8-12 mois
J'évite…	Le gluten (pâtes, pain), la charcuterie, les abats et le sucre (même dans la purée)…	Les fritures, les biscuits pour bébé (un par jour max.) et toujours les abats, la charcuterie, fruits de mer… Côté poisson, non aux espèces prédatrices (lotte, loup/bar, bonite, empereur, grenadier, flétan…) et celles pouvant contenir des substances toxiques (anguille, barbeau, carpe, espadon, siki, requin, lamproie…)	• Les légumes secs (lentilles, haricots rouges ou blancs…), qui attendront ses 15 mois. • Le sucre, le miel, le chocolat, les aliments trop gras, les jus de fruits.
Son menu type	Vers 4-5 mois, continuez le rythme habituel des biberons en apportant quelques cuillerées de purée à midi par exemple. À partir de 6 mois : • Petit déj' : un biberon de 240 ml. • Déjeuner : une purée de légumes (+ 1 c. à c. de matière grasse + une portion de protéines) et une compote OU un laitage. • Goûter : un laitage (yaourt & co) + une compote OU un biberon de 240 ml et une compote. • Dîner : un biberon de 240 ml + une compote (facultatif) ou un biberon de soupe (sans lait) + un laitage.	Continuez sur le même rythme de menus jusqu'à ses 8 mois, en augmentant petit à petit les quantités de purée (180 g à 8 mois)	• Petit déj' : un biberon de 240 ml (ou plus) avec 1 à 2 c. à s. de céréales 2e âge (s'il est glouton seulement). • Midi : purée de légumes (avec viande ou poisson et matière grasse) + un fruit cuit ou une compote. • Goûter : un laitage + une compote ou un bib de 240 ml + un croûton de pain + un fruit cru très mûr. • Dîner : un biberon de 150 ml + quelques cuillerées de purée (parfois agrémentée de fromage râpé) OU un biberon 240 ml + une compote.
On a testé ce mois-ci…			
Il a… (recraché, englouti, adoré, rechigné…)			

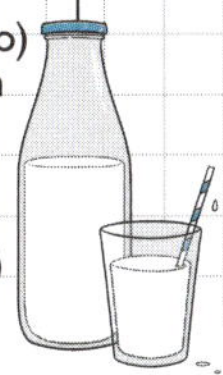

À noter : pour les aliments à éviter, tout ce qui est interdit aux stades ultérieurs de la diversification l'est naturellement auparavant également !

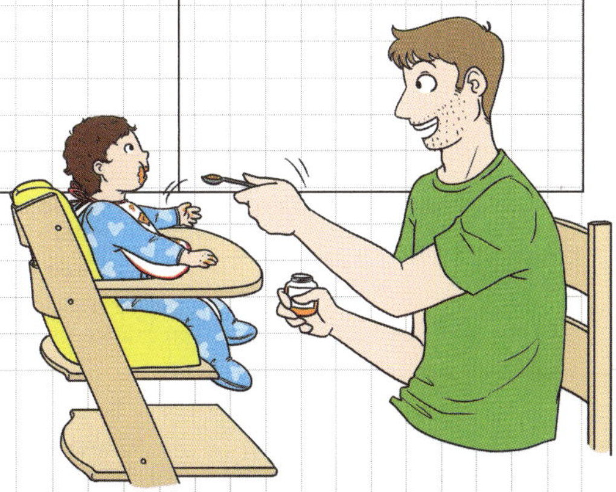

Direction : Jean-Louis Hocq
Direction éditoriale : Suyapa Hammje
Édition : Marion Guillemet
Correction : Chloé Chauveau
Conception et mise en couleur de la couverture : Stéphanie Brepson
Mise en pages : Nord Compo
Fabrication : Kevin Magar

ISBN : 978-2-263-15526-0
Code éditeur : S15526/02
Dépôt légal : septembre 2018
Achevé d'imprimer en France par Imprimerie de Champagne en décembre 2019

Solar, un département d'**Edi8**
92 avenue de France, 75013 Paris